CAROLINE KRUSE

Comment continuer à se parler à s'aimer à se désirer

MARABOUT

Sommaire

Introduction

Les gens heureux n'ont, dit-on, pas d'histoires ; les couples heureux non plus. C'est ainsi d'ailleurs que les contes de fées se terminent. « Ils furent heureux et eurent beaucoup d'enfants ». À part cette progéniture nombreuse, jadis synonyme de richesse, on dispose de peu d'éléments pour imaginer la vie concrète de ces époux de rêve. Comment font-ils – surtout avec autant d'enfants ! – pour être aussi parfaits ? Si seulement on était comme eux. Si seulement on savait y faire comme eux, si seulement on savait soutenir le désir, éviter la routine, se jouer des conflits, être des parents modèles, avoir des enfants sans problèmes ! Si seulement on avait la recette pour ne pas trop se rapprocher, pas trop s'éloigner, pour n'être ni trop légers ni trop pesants, pour ne pas être jaloux, ni infidèles, pour continuer à s'aimer malgré le temps qui passe, les rides qui menacent et les soucis d'argent !

Les sociologues sont sans pitié, tout comme les statistiques. Le couple, de plus en plus contractuel, est devenu, dit-on, fragile, éphémère. Même ceux qui ont choisi un engagement symbolique fort doivent souvent déchanter. Pour ne s'en tenir qu'aux chiffres de l'Insee concernant le mariage, en France, en 2010, 251 654 mariages ont été enregistrés alors que près de 134 000 divorces ont été prononcés : la moitié des mariages se soldent donc désormais par un divorce.

Prenant le relais des institutions religieuses ou s'en inspirant, les pouvoirs publics tentent d'endiguer la tendance. En 2012, la secrétaire d'État à la Famille lance une grande consultation sur le mariage civil qui aboutit à la création d'un « Kit mariage ». Objectif affiché : mieux préparer au mariage, mieux faire connaître aux futurs époux leurs droits et leurs devoirs par des « formations à la conjugalité ». Objectif plus ou moins caché : tenter de réduire le nombre croissant de ces divorces qui, calcule-t-on, coûteraient fort cher à la société.

Le couple n'a donc jamais été, qu'il soit marié ou pas, l'objet de tant de d'inquiétudes, de sollicitudes. Il n'est pas un journal féminin, sur papier ou sur le Web, qui ne possède sa rubrique spécialisée. La téléréalité organise des rencontres, des sessions de coaching. Les sites Internet se multiplient en affinant les paramètres qui permettent d'assortir au mieux les futurs partenaires. Les conseils foisonnent, se chevauchent, se contredisent. Tout le monde s'en mêle. Les sociologues, les philosophes, les politiques, les institutions religieuses. « Un vrai couple, c'est ceci ! – Ah, mais non ! Pas du tout ! C'est cela. » Les psys non plus ne sont pas toujours d'accord. En témoignent les débats récents sur le mariage pour tous et la famille homoparentale. Les forums sur Internet font preuve d'un affolement généralisé. Que faire ? Que ne pas faire ? « Mon mari a eu une liaison. – C'est pas grave ! dit Lilou. – Quitte-le tout de suite ! » s'indigne Lila.

Or, des recettes toutes faites, du prêt-à-vivre en couple, on le sait bien au fond, ça n'existe pas, pas plus que des couples parfaits. Même si on veut continuer à le croire. Ceux qui viennent consulter un conseiller conjugal en sont, mieux que personne, conscients. Combien en ai-je reçus qui commençaient par me dire : « Rien ne va plus entre nous et pourtant... aux yeux de notre famille, de nos amis, on est le couple idéal. Si on se sépare, ce sera un cataclysme, presque plus pour eux que pour nous ! » Comme si, faute de parvenir à vivre soi-même dans un conte de fées, on voulait au moins s'imaginer que d'autres pouvaient y parvenir. On ne renonce pas facilement à l'idéalisation. Même si elle constitue le pire des pièges, puisque, par définition, se fixer un idéal c'est s'épuiser à ne jamais pouvoir l'atteindre.

S'il n'y a pas de couple parfait, il n'y a pas non plus, bien entendu, de modèle de couple ou de famille. Aujourd'hui moins que jamais. À côté du couple traditionnel, de la famille à l'ancienne, coexistent toutes sortes d'alliances, de compositions et de recompositions. La multiplicité des configurations – de la famille monoparentale à la famille recomposée, en passant, désormais, par la famille homoparentale – est devenue visible et, dans bien des cas, légitime, inscrite dans la loi.

Cette liberté de choix, ce déploiement de l'individualisme ont, paradoxalement, contribué à rendre le couple aussi fragile que surinvesti. Dégagé des contraintes institutionnelles, il se définit avant tout par l'amour qui unit les deux partenaires et donne tout particulièrement sens à leur vie. Dès lors, tout va bien tant qu'on a toujours « des sentiments » l'un pour l'autre ; mais si l'on pense ne plus en avoir, ou plus beaucoup, la tentation est grande de se séparer, sans trop se demander si la signification à donner aux mots « amour » ou « sentiments » doit rester, tout au long des années, inchangée. Sans trop savoir non plus comment faire une force de cette fragilité.

D'où l'idée de proposer à ceux qui se posent des questions sur leur couple, non pas un livre de recettes, mais un manuel de bricolage doublé d'une boîte à outils et d'une trousse de secours. Ils pourront y piocher, au gré de leurs besoins ou de leurs envies, des clés pour ouvrir les portes que l'on croyait condamnées et des leviers pour décoincer, sans se blesser, les fenêtres un peu rouillées. Des exemples illustrés pour ne pas tout faire exploser, changer les ampoules, rallumer la chaudière et éteindre un feu de cheminée. Des idées pour cicatriser les coupures, calmer les brûlures et éviter de trop se blesser.

Il y a, à chaque étape de la vie d'un couple, des moments forts qui sont aussi, paradoxalement, des phases de doute, des points de bascule : le choix du partenaire, l'engagement dans la vie à deux, qu'il prenne ou non la forme du mariage, l'entrée dans la vie professionnelle, l'arrivée ou non d'enfants, leur départ. Autant d'événements qui nécessitent à chaque fois une nouvelle définition de la relation, de nouveaux ajustements, de nouvelles décisions à prendre ensemble. Que faire devant telle difficulté ? Comment la contourner, la surmonter ? Comment en est-on arrivé là ? Mais aussi comment, au quotidien, redonner de la vie à ce qui semble s'étioler ? Comment continuer à se parler, à s'aimer, à se désirer ? Comment se donner les moyens de mieux vivre ensemble ? Ou, si ce n'est plus possible, comment l'accepter ?

Ces pistes, ces idées, elles me viennent de tous ceux, théoriciens et cliniciens, qui ont travaillé sur cette question, mais j'en suis tout autant redevable aux couples que j'ai reçus et qui, chacun à leur manière, m'ont permis de construire les outils de ma pratique. Ce sont eux qui, en venant me confier les difficultés auxquelles ils se heurtaient, ont donné à ce livre sa raison d'exister.

Enfin, si la plupart des situations évoquées mettent en scène un homme et une femme, donc des couples hétérosexuels, il ne s'agit pas d'une position idéologique, mais d'une contrainte linguistique, et d'un fait de réalité. Une contrainte linguistique, parce que la même règle qui persiste à imposer, dans la grammaire, la prééminence du masculin sur le féminin rend difficile de signifier à chaque fois, sans rendre le texte illisible, que les couples en présence peuvent être aussi bien constitués de deux hommes ou de deux femmes. Un fait de réalité aussi : dans la clinique des consultations conjugales, les couples homosexuels qui viennent consulter sont encore assez rares. C'est le reflet d'une époque pas si lointaine où les couples de même sexe ne jouissaient pas d'une légalité, d'une visibilité officielle. Faut-il le rappeler ? En France, c'est en 1981 seulement que l'on a cessé de considérer l'homosexualité comme un délit. Et même après cette date, venir consulter pour des « problèmes de couple ou de famille » était rendu difficile pour certains par la crainte anticipée d'un rejet. Il y a en effet, on l'a vu dans les débats autour du mariage pour tous, un certain discours de la psychanalyse qui a encore du mal avec la question de l'homosexualité.

Pour autant, ce que la clinique m'a montré, c'est que si chaque couple est différent des autres parce qu'il est porteur du croisement de deux histoires singulières, les couples homosexuels qui sont venus me voir avaient des demandes et des questionnements qui ne se distinguaient absolument pas de ceux des couples de sexes différents.

Première partie

Se choisir

Il peut se passer du temps, de nombreuses années, avant que l'on se sente prêt pour vivre une relation de couple. Lors des premières rencontres amoureuses, l'adolescent ou le jeune adulte s'intéresse moins à l'autre qu'à lui-même, à sa capacité de séduire, de conquérir, de se faire aimer par un pair. S'il a bénéficié d'un amour solide de la part de ses parents, il lui faut désormais expérimenter le risque inconnu d'un amour qui ne sera plus inconditionnel. Si, au contraire, il a souffert de carences affectives, il cherchera à se rassurer dans son aptitude à susciter de l'amour. Durant cette période, il s'agit avant tout de renforcer le sentiment que l'on a de sa propre valeur, de se construire peu à peu une identité d'adulte par la relation, par la confrontation à l'autre et au groupe, par l'image de soi-même qui nous est renvoyée et que l'on peut ainsi ajuster. Ce n'est qu'une fois cette identité bien définie, bien délimitée, que chacun peut commencer à ressentir le besoin d'un partenaire privilégié qui reconnaisse cette identité, la confirme et attende de l'autre cette même reconnaissance, cette même confirmation jusque dans les aspects les plus intimes de sa personnalité.

Ce besoin, lorsqu'il se manifeste, prend la forme souvent difficile d'un choix à faire. Comment se forme un « vrai » couple ? Comment se fait-il que, parmi les mille rencontres possibles que la vie pourrait nous offrir, ce soit cet homme ou cette femme avec qui, au-delà du plaisir des premiers moments, des premières semaines, on ait envie d'essayer de construire un bout de sa vie, voire sa vie entière ? Qu'est-ce qui fait qu'une relation « prend » ou pas ? Quels sont les moments, les événements qui fondent le couple, qui le « fixent ». Qu'en est-il de l'engagement ? Pourquoi nous est-il si essentiel ? Pourquoi nous fait-il en même temps si peur ? Au-delà de nos souhaits conscients de vivre en couple, quels sont les obstacles inconscients qui, parfois, nous en empêchent ? Et comment les surmonter ?

Trouver son partenaire

On ne choisit pas, disent les chansons. L'amour vous tombe dessus, c'est tout, parce que c'était lui, parce que c'était vous. Ce n'est pas complètement faux, mais pas si simple non plus. Une rencontre, une vraie, qu'on laisse faire le hasard ou que l'on tente de le déjouer, a toujours quelque chose qui vous prend par surprise. Quand on ne s'y attendait pas, ou plus. Quand, cessant de la rechercher à tout prix, on ne s'était pas résigné, mais juste rendu ouvert à soi-même et intérieurement disponible. Comment trouver le « bon » partenaire ? Mais comment comprendre aussi parfois que l'on fasse tout pour s'en empêcher ?

L'histoire de Sylvie

À trente-cinq ans, *Sylvie est une jeune femme vive, jolie, qui ne manque pas d'humour. Elle travaille pour un cabinet d'architectes et réussit bien dans son métier. Ses collègues l'apprécient, ses amis aussi. Elle aime sortir, voyager, aller au cinéma, faire la fête. Elle n'est ni prude, ni, dit-elle, dévergondée. Son seul problème, c'est qu'elle voudrait maintenant construire une histoire avec un homme et que ça, elle n'y arrive pas.*

Un scénario immuable *Elle en rencontre pourtant, sur son lieu de travail, en vacances ou sur les sites spécialisés. Mais les histoires qu'elle noue ne dépassent jamais, dans le meilleur des cas, un mois ou deux et, la plupart du temps, ne durent guère plus d'une semaine. Pour fonder une famille – ce que souhaite Sylvie –, c'est un peu juste !*

Son scénario, c'est toujours le même et elle le décrit très bien : au cours d'une soirée, d'un dîner, lorsqu'un homme lui plaît, elle ne lui adresse pas la parole. En revanche, elle n'a aucun mal à discuter et à plaisanter avec ceux qui lui déplaisent ou dont elle est sûre qu'ils sont inaccessibles, mariés par exemple. Avec ceux-là, elle se sent à l'aise, manifestement elle leur plaît, tout va bien, sauf… qu'ils ne sont pas pour elle. Quant à ceux qui l'attirent, c'est tout le contraire. La plupart du temps, elle se comporte avec eux, dit-elle, comme une cruche : « Pas de danger que je leur plaise, c'est à peine s'ils se rendent compte que j'existe. » Lorsqu'elle réussit quand même à nouer une relation avec un homme, très rapidement elle lui trouve des défauts ou bien, le plus souvent, elle prend la fuite. Comme elle ne se sent pas « à la hauteur », pas assez bonne cuisinière, pas assez intelligente, pas assez expérimentée au lit, et comme son partenaire va vite s'en apercevoir, autant prendre les devants et partir la première ! D'ailleurs, si des hommes s'intéressent à elle, c'est, pense-t-elle, uniquement pour le sexe ou parce qu'ils cherchent à se loger ! À peine l'histoire a-t-elle commencé qu'elle trouve une raison de rompre.

Les manques de l'enfance *Sylvie dit avoir souffert dans son enfance d'un manque d'amour de la part de ses parents. Il serait plus juste de dire d'un manque d'intérêt ou de disponibilité. Son père, très pris par son travail, n'avait pas de temps à lui consacrer et sa mère a très vite été absorbée par la maladie d'un petit frère, né peu de temps après Sylvie. Du coup, la petite fille, pour essayer de trouver sa place, a accepté la mission qu'on lui proposait : faire le moins de vagues possible pour ne pas déranger. D'où cette image d'elle en creux, en négatif au sens photographique du terme, dont elle ne parvient pas à se débarrasser. Sans doute recherche-t-elle effectivement un homme à l'image d'un parent, mais qui l'aimerait comme sa mère et son père, pense-t-elle, n'ont pas su le faire. Néanmoins elle craint que que l'histoire ne se répète et que son partenaire aussi se désintéresse très vite d'elle. Ce n'est pas un hasard si elle attire les hommes qui ne lui plaisent pas et qu'elle repousse ceux qui lui plaisent : cela fait partie des stratégies d'évitement qu'elle met en œuvre pour ne pas se trouver confrontée à ce risque d'abandon.*

Partir à sa propre rencontre *Quand un enfant ne se sent pas aimé, c'est, croit-il, qu'il n'est pas digne de l'être. Sylvie, donc, n'a pas appris à s'aimer. Et comme elle ne s'aime pas, elle ne peut considérer les hommes qui pourraient l'aimer que comme des idiots. Ainsi cherche-t-elle dans les hommes une sorte de confirmation de l'image négative qu'elle s'est fabriquée d'elle-même. C'est cette image assez forte et paradoxalement assez confortable – parce qu'elle vit avec depuis longtemps – que Sylvie va devoir accepter de déconstruire.*

Avant de chercher à tout prix à rencontrer un homme, elle va devoir partir à la rencontre d'elle-même. Arrêter de ne se définir que par le regard que les autres poseraient sur elle. Un regard qu'elle a enfermé dans une alternative impossible, puisque c'est elle qui en fixe les règles à l'avance. Quand le regard lui semble négatif, elle s'y attendait, et quand il ne l'est pas, elle n'y croit pas. À ce jeu-là, elle perd à tous les coups. Or, elle a grandi. Elle n'a plus besoin de remplir la mission de son enfance. Il va donc lui falloir y renoncer. Avoir été peu ou mal aimé ne vous prédestine pas à ne jamais l'être.

Et nous ?

L'histoire de Sylvie le montre bien, il ne suffit pas que le prince charmant existe, il ne suffit même pas de le rencontrer. Pour choisir un partenaire avec qui on pourra envisager de partager sa vie, mieux vaut d'ailleurs ne pas trop croire aux contes de fées…

La magie des commencements

Mieux vaut ne pas y croire. Sauf au début. Là, l'idéalisation qui est à l'œuvre au commencement de toute rencontre un peu investie métamorphose l'homme le plus banal aux yeux des autres, la femme la moins séduisante pour ses amis en personnage parfait. Ni les légendes, qui en font un vaillant fils de roi, ou une belle endormie, ni les versions modernes des séries et des téléréalités, qui les préfèrent en *golden boy* ou en *executive woman* n'y peuvent rien. Peu importe s'ils ne sont « que » comptables, routiers ou caissières. Peu importe qu'ils soient fluets, un peu chauves ou qu'elles soient rondouillardes, qu'ils demeurent grenouilles ou crapauds, ou même monstres gentils comme Shrek et sa fiancée. C'est ce qui fait justement le charme des débuts amoureux. L'impression de plénitude, de perfection, de comblement. L'autre est celui que l'on attendait. « Quand on s'est rencontrés, dit un personnage de la pièce de Joël Pommerat, *La Réunification des deux Corées*, c'était parfait […], comme si la Corée du Nord et la Corée du Sud ouvraient leurs frontières et se réunifiaient et que les gens qui avaient été empêchés de se voir pendant des années se retrouvaient. C'était la fête, on sentait qu'on était reliés et que ça remontait à très loin. »

L'amour, c'est ça : la réunification de deux mondes qui se cherchaient. L'une a trouvé son prince, l'autre sa princesse. Car, pour que l'illusion fonctionne, il faut évidemment qu'elle soit réciproque. Il s'agit là d'une sorte de retour à la béatitude fusionnelle du tout petit enfant avec sa mère : on trouve tout en l'autre qui trouve tout en nous. Le bénéfice narcissique est mutuel. L'état amoureux fait en outre que l'on donne de soi l'image dont on perçoit qu'elle correspond le mieux aux attentes de l'autre et que l'on élimine soigneusement de la représentation de l'objet aimé tout ce qui pourrait déplaire. À la lettre, ce qui ne va pas, on ne le voit pas. Chacun renvoie à l'autre une image idéale de soi.

Pour certains, comme Sylvie, c'est à ce stade déjà que la difficulté commence. Qu'ils aient été trop ou mal aimés par une mère envahissante ou absente, cette fusion amoureuse est d'autant plus recherchée qu'elle est redoutée. À peine pourrait-on la connaître qu'on la fuit par peur de s'y perdre, ou de la perdre, parce que l'on s'en croit indigne. Pour ceux-là, c'est ce point de leur histoire qu'il faudra travailler, c'est cette angoisse qu'il faudra apprendre à apprivoiser. Pour d'autres, c'est plutôt la suite qui pose problème, car, bien entendu, cet état de complétude ne dure pas. L'une des difficultés majeures du couple consiste à accepter la séparation au cœur même de la relation. Accepter l'altérité du partenaire. Accepter de ne pas renoncer à soi-même pour l'autre. Si le prince et la princesse veulent vraiment vivre ensemble, « se marier et avoir beaucoup d'enfants », il leur faudra sortir de l'illusion amoureuse du début, laisser voir leurs imperfections et supporter de voir celles de l'autre pour que la relation puisse s'inscrire dans le réel et dans la durée. Avec un peu de chance et quelques compromis, ils se métamorphoseront en compagnons aimants, solides, en homme et femme sur qui ils pourront compter.

Le conte de fées : un piège doré

C'est ce retour au réel que certains justement refusent. Comme Don Juan, mais pour d'autres raisons que le plaisir de la conquête, ils n'aiment que les commencements. Aucune relation ne dure puisque l'idéalisation du début ne peut se maintenir, que le prince ou la princesse réels refusent à la longue de se laisser réduire à l'image magnifiée que l'on s'est faite d'eux et qu'ils se révèlent ainsi dans la réalité nécessairement décevants. Ceux-là se condamnent donc à changer sans fin de partenaire pour tenter de revivre inlassablement l'illusion du début, dans une quête sans fin de la Femme Idéale, de l'Homme Parfait. Et pour, au fond, ne jamais les trouver. Là encore, il leur faudra, s'ils finissent par trop en souffrir, essayer de comprendre d'où vient cet obstacle qu'ils portent avant tout en eux.

Quant aux autres, ceux qui ont juste un peu de mal, disent-ils, à trouver un homme ou une femme avec qui partager un bout de leur vie, sinon leur vie entière, comment doivent-ils s'y prendre ?

Pas de recette pour le *love cake*

Peut-être devront-ils d'abord se fier le plus possible à ce qu'ils ressentent. Dans le choix du partenaire, il n'y a pas de recettes, mais, au début d'une relation, l'intuition n'est pas un si mauvais guide pour repérer si l'on peut trouver avec l'autre un équilibre, le sentiment d'une reconnaissance, d'un respect mutuel, d'une équivalence dans le sentiment que chacun a de sa propre valeur et de celle qu'il reconnaît à l'autre. *A contrario*, repérer tout de suite que quelque chose ne va vraiment pas, que la relation d'emblée dysfonctionne et espérer qu'avec du temps et beaucoup d'amour on pourra changer l'autre, est une illusion qu'il vaut mieux abandonner.

Il n'y a pas non plus de bonne ou de mauvaise stratégie. Il faut juste trouver celle dans laquelle on se sent le plus à l'aise. Toutes les démarches sont possibles. On peut, si l'on est une femme et que l'on cherche un amoureux, fréquenter les magasins de bricolage et pas seulement les cours de danse orientale, et, inversement, si l'on est un homme, ne pas hésiter à s'inscrire dans un club de randonnée en ville plutôt que de ne viser que les salles de musculation. Sauf, bien sûr, si l'on est une femme qui cherche une amoureuse ou un homme qui souhaite trouver un compagnon.

On peut, pourquoi pas, choisir les sites de rencontres spécialisés fondés sur le concept de la rencontre par affinités, le « matchmaking », ou préférer, sur Internet ou non, des formules moins ouvertement centrées sur la rencontre amoureuse, mais qui proposent de se réunir autour d'activités communes : cours de langues, expositions, sorties au restaurant, au théâtre ou au cinéma afin d'élargir son cercle d'amis.

Être ouvert au hasard

Il faut surtout saisir toutes les occasions possibles que la vie nous offre de rencontrer autrui. Occasions qui existent et que l'on doit juste accepter de regarder, sans les forcer, au risque de faire fuir ceux que l'on voudrait attirer. Être ouvert au hasard. Ne pas se replier. Ne pas se résigner.

Enfin, trouver un partenaire commence souvent par une découverte de soi-même. De ce que l'on aime vraiment, de ce dont on est capable, des richesses que l'on possède et qu'il n'est pas si idiot de faire un peu fructifier avant de les partager. Aimer, c'est se faire confiance et apprendre ainsi à faire confiance à l'autre.

Petit théâtre de la consultation conjugale

Scène 1 – J'en ai assez d'être seul

Grégoire : Je viens vous voir parce que j'en ai assez d'être seul. Mais vivre avec une femme, ça me paraît fou !

La conseillère conjugale : Pourquoi ?

Grégoire : Je ne sais pas. En fait, je ne vois pas comment une femme pourrait avoir envie de vivre avec moi.

La conseillère conjugale : Qu'est-ce qui l'en empêcherait ?

Grégoire : Moi.

La conseillère conjugale : Vous ?

Grégoire : Oui, moi. Je suis trop nul. J'ai trop peur.

La conseillère conjugale : De quoi ?

Grégoire : D'elle, de moi, de tout.

La conseillère conjugale : Et ça se passe comment quand vous en rencontrez une ?

Grégoire : Chaque fois que je croise une femme qui pourrait me plaire, soit c'est elle qui part en courant, soit c'est moi.

La conseillère conjugale : Et si on essayait de comprendre pourquoi vous faites tout pour vous interdire ce qui vous attire le plus ?

S'engager

Dans la plupart des sens du mot « engagement », c'est la dimension de contrainte qui domine. S'engager, c'est se lier par une convention, un contrat, donner des garanties. C'est aussi, selon certaines définitions, entrer dans un espace étroit. Enfin, c'est souvent débuter une action militaire. On le voit, les connotations du mot ne sont à première vue guère... engageantes. Et pourtant, sans la contrainte choisie d'un certain engagement, sans les marques, qu'elles soient officielles ou non, que l'on souhaite lui donner, la liberté que l'on croit préserver pourrait bien n'être qu'une fuite devant ce qui, en nous, nous fait peur.

L'histoire de François et Mirella

François et Mirella vont se marier. Pourtant, quelques mois auparavant, lorsqu'ils étaient arrivés à la consultation, ils songeaient sérieusement à se séparer. Rien n'allait plus alors entre les deux jeunes gens. François se posait mille questions sur lui-même, sur leur couple, il était pris d'angoisse, ne savait plus ce qu'il voulait, ni même s'il voulait quelque chose, et Mirella, malgré ses réserves impressionnantes d'énergie, n'était pas loin de se décourager.

Si différents mais si semblables *Après tout, ils ne se connaissaient que depuis deux ans, ils n'habitaient pas ensemble et la rupture aurait pu se faire en douceur si l'un comme l'autre avaient été vraiment persuadés que leur couple n'avait aucune chance de durer. Or, cette conviction intime, ils ne l'avaient pas. Depuis qu'ils s'étaient trouvés, sur Internet, ils auraient même eu, bizarrement, le sentiment inverse. Qu'ils étaient, comme on dit dans les romans, « faits l'un pour l'autre ». Sauf que quelque chose bloquait et qu'ils avaient décidé de comprendre pourquoi.*

François et Mirella viennent de milieux assez différents. Une petite bourgeoisie étriquée pour François, une famille roumaine nombreuse, chaleureuse pour Mirella. Chez François, on vivait au ralenti, on parlait peu, on se méfiait de tout, on se cachait presque des voisins. Durant toute son enfance, il a eu affaire à une mère inquiète, qui le surprotégeait, s'angoissait au moindre bobo, le forçait à manger. Le père, de son côté, avait bien du mal lui aussi à exister. De santé fragile, peu doué pour affronter la réalité, il avait connu la plupart du temps des échecs professionnels. Une ambiance triste donc, grise, où la vie avait du mal à s'imposer. Dans la famille de Mirella, c'était tout le contraire : la religion orthodoxe y tenait une grande place, mais de manière festive, accueillante ; sous le regard bienveillant du père patriarche, la tribu des femmes, mère et filles, parlait fort, riait de bon cœur et partageait tous les secrets.

Et c'était peut-être cela au fond qui, au-delà de l'attirance mutuelle, de la complicité manifeste, avait rapproché les deux jeunes gens. Une forme de solitude. Un besoin d'autonomie, de distance, une volonté affirmée chez l'un comme chez l'autre d'échapper à l'emprise de familles qui entravait leur liberté, chacune à sa manière, un peu mortifère pour l'une, presque trop enveloppante pour l'autre. Et c'était sans doute cela aussi qui, au seuil d'une « vraie » vie de couple, les faisait trébucher.

Une nouveauté intimidante *Ni François ni Mirella n'avaient eu, avant de se rencontrer, beaucoup d'expériences amoureuses. Pour la jeune femme, on ne pouvait, disait-elle, même pas parler d'amour : quelques flirts, un début d'histoire raté. Sa mère l'avait mise en garde contre les hommes. Et Mirella craignait, si un garçon s'approchait trop d'elle, que ce ne soit que « pour coucher ». D'un autre côté, cette vie de solitude lui pesait, elle souhaitait rencontrer quelqu'un « avant qu'il ne soit trop tard », comme elle disait, avec un petit sourire mi-triste, mi-amusé. François non plus n'avait pas multiplié les conquêtes. Sa seule relation un peu longue avait été avec une femme mariée. De ce fait, il le reconnaissait lui-même, il n'y avait pas de « danger » que quelque chose d'un peu sérieux puisse s'inscrire dans la durée. Or, avec Mirella, il le sentait bien, l'enjeu était exactement là. Il lui fallait faire un choix, renoncer aux autres possibles, s'engager.*

De son côté, Mirella n'envisageait pas une relation solide qui ne soit pas cimentée par un mariage en bonne et due forme. À la mairie et à l'église. C'était ce que sa famille voulait pour elle. Comment affronter le regard de sa mère, et surtout de son père, autrement ?

Avancer tout doucement *Pour sortir de l'impasse, il leur a donc fallu apprivoiser ensemble les craintes qui les entravaient. Venir régulièrement parler de leur couple déjà les rassurait. Ensuite, ils ont décidé de faire les choses par étapes, tout doucement. Continuer à habiter séparément, mais partir ensemble en week-end d'abord, puis en vacances. Ce plaisir qu'ils prenaient à partager la vie quotidienne les faisait rire : des choses toutes bêtes comme faire les courses, se préparer à manger, essuyer la vaisselle ensemble. Ils avaient aussi appris à mieux connaître leurs deux familles. Mirella avait encore un peu de mal avec la froideur de celle de François, mais François se sentait bien dans celle de Mirella. On l'accueillait, on l'appréciait et, surtout, il voyait son amie trouver avec ses parents l'équilibre d'une bonne distance. Au bout d'un an, surmontant les réticences de sa famille, Mirella avait proposé qu'ils habitent ensemble, sans être mariés, et, finalement, les choses s'étaient bien passées. François avait moins peur de se faire absorber et constatait que vivre avec quelqu'un n'était pas forcément synonyme d'envahissement. Il commençait à envisager l'avenir et, pourquoi pas, le mariage avec sérénité. Ce fut une nouvelle étape pas forcément très facile, avec des épisodes comiques et d'autres moins drôles où, disait François, on assistait, entre les deux familles, à d'infinies négociations pour le moindre détail de la cérémonie : de la couleur de la robe des demoiselles d'honneur à la graphie des faire-part en passant par le choix du restaurant et du menu pour le déjeuner.*

L'important, soulignent-ils maintenant, c'est qu'à aucun moment ils n'ont cédé, ils ont toujours donné la priorité à leur couple. En essayant de tenir compte des susceptibilités des uns et des autres, mais sans lâcher sur l'essentiel. « Après tout, comme le dit Mirella, ce mariage, c'était notre engagement, pas le leur !

Et nous ?

Lorsque l'on demande aux membres d'un couple comment ils ont été amenés, l'un et l'autre, à s'engager, à penser un jour que, oui, avec cet homme-là, avec cette femme-là, ils étaient sûrs de vouloir aller plus loin que le simple plaisir de sortir, de faire l'amour, de passer de bons moments ensemble, c'est la notion de confiance qui apparaît dans la plupart des réponses. L'impression d'avoir trouvé quelqu'un à qui on puisse se fier, se confier, se montrer tel que l'on est, avec ses failles d'enfance et ses désirs d'adulte.

Le risque d'aimer

C'est souvent aussi à partir de ce moment-là qu'ils ont pu, ce qui n'est pas si facile, se dire qu'ils s'aimaient. Peut-être pas exactement en même temps, c'est le privilège des seuls amants d'opéra, mais presque. C'est qu'il faut faire confiance à quelqu'un pour lui dire qu'on l'aime, pour sortir de l'ambivalence qui nous protégeait jusque-là. Déclarer son amour, c'est franchir un seuil à partir duquel on accepte le risque d'aimer. On touche, là, déjà, dans ce « je t'aime » prononcé, à l'un des paradoxes constitutifs de l'engagement : délices et terreur mêlés.

Pour constituer un couple, il faut renoncer à tout maîtriser, accepter de laisser quelqu'un prendre dans sa vie une place dont on ignore les contours. À partir de là, ceux à qui trop de rapprochement fait peur, envisagent toutes les stratégies de contournement possibles.

Leur seule manière de s'engager dans une vie de couple consiste à mettre toujours entre eux et leur partenaire un garde-fou qui leur permette cet autre paradoxe : se lier tout en n'étant pas trop proches. Certains couples peuvent « être ensemble » et fidèles l'un à l'autre depuis plusieurs années à condition d'avoir établi des protocoles de mise à distance. Par exemple : habiter la même ville, mais avoir deux appartements. Travailler dans deux régions très éloignées, voire deux pays différents, et ne se retrouver dans le meilleur des cas que le week-end. Habiter ensemble la même ville, y travailler, mais avoir ses propres amis, ses activités et sortir séparément. Ce sont des solutions qui demandent beaucoup d'énergie et qui sont finalement assez coûteuses, y compris psychiquement. Et le système finit souvent par s'épuiser de lui-même quand l'un des deux trouve, comme ultime solution de mise à distance, une liaison !

▸ Une demande troublante

Mais, pour la plupart des couples, comme pour François et Mirella, le « je t'aime » inaugural est suivi d'autres formes d'engagements plus traditionnelles. Il y a différentes manières de se créer un monde commun : partager un appartement, en acheter un, se pacser... se marier. Même si le mariage n'est plus le passage obligé par lequel un couple se légitime socialement, même si, les statistiques de l'Insee le montrent, le nombre des mariages continue de baisser, réduisant ainsi l'écart avec le pacs, la cérémonie officielle à la mairie, voire à l'église, demeure un événement symbolique fort. La preuve en est la revendication du mariage pour tous, par le biais duquel les homosexuels ont voulu faire reconnaître leur légitimité à faire les mêmes choix de vie que les autres couples, avec les mêmes droits et les mêmes devoirs.

Mais tout comme la déclaration d'amour fait basculer le jeu amoureux dans un registre plus grave, la « demande en mariage » constitue elle aussi un moment fondateur où se mêlent des sentiments parfois contradictoires. Quelle qu'en soit la forme, traditionnelle ou farfelue, il arrive souvent qu'elle suscite chez le partenaire une réaction complexe de bonheur et d'inquiétude. Qu'il sente chez celui qui la fait un désir profond de s'engager dans la vie à deux ou une manière, plus ou moins consciente, de s'assurer contre le risque de la perte, de la séparation, cette demande peut réactiver chez celui qui la reçoit des mécanismes de défense enfouis. Peur de se trouver emprisonné, de perdre l'autonomie conquise depuis qu'il a quitté ses parents, peur aussi parfois de ne pas être à la hauteur d'un tel engagement.

Ces sentiments sont extrêmement fréquents et inquiètent souvent celui qui les éprouve comme celui qui les perçoit chez l'autre. Ils ne sont pourtant, la plupart du temps, qu'une des marques humaines de l'ambivalence. On a souvent peur de ce que l'on désire. Mieux vaut parler ensemble de ces doutes, de ces hésitations, se les confier, accepter de les entendre pour ce qu'ils sont, avec bienveillance, essayer enfin de comprendre les motivations profondes de l'un et de l'autre au lieu de tenter de les dissimuler.

Pour ceux qui ont franchi ce cap et pris la ferme décision de se marier, il n'en demeure pas moins que l'événement lui-même n'est pas une affaire simple. Nombreux sont les couples qui, à ce moment de leur histoire, viennent demander de l'aide. Qu'a donc le mariage, ce « plus-beau-jour-de-la-vie », de si curieusement anxiogène ?

Faire plaisir à tous ?

Il y a d'abord de multiples détails matériels à régler sur lesquels il faudra que les deux partenaires se mettent d'accord. L'enjeu est d'importance et dépasse de loin le contenu même de ce qu'ils devront organiser. C'est la première fois qu'ils ont à prendre ensemble toutes sortes de décisions et, si l'on y réfléchit bien, il n'y aura pas beaucoup d'autres moments dans leur vie de couple où, durant plusieurs mois, ils devront construire de toutes pièces un tel événement. Un paradoxe de plus puisque, cette vie de couple, elle commence à peine. Et elle commence par une exigence de réussite particulièrement forte.

On trouve donc une grande variété de guides pratiques pour bien « réussir l'inoubliable », de sites Internet qui passent en revue les étapes à ne pas manquer. Le choix du budget, de la salle, des faire-part, du thème, de la robe, des alliances, du traiteur, du photographe, de la liste des cadeaux, de la décoration et de l'animation musicale. Mais ce que les guides ne disent pas, c'est la tension que chaque décision génère lorsque l'on constate que l'on n'est pas miraculeusement, du seul fait que l'on s'aime, en parfait accord sur tout. C'est le début d'une longue histoire de négociations et de compromis, entrecoupée de querelles et aussi, heureusement, de fous rires.

C'est aussi avec les parents qu'il faut négocier et les futurs mariés doivent souvent lutter pour ne pas se laisser déposséder de ce qui va fonder leur vie commune. François parlait de batailles entre les belles-familles, mais, en amont, ces discussions se livrent souvent de manière plus ou moins feutrée et, là encore, dans une extrême ambivalence, entre les futurs mariés et leurs parents. Certains jeunes couples aujourd'hui tentent de les éviter en décidant que le mariage leur appartient, qu'il aura la forme qu'ils voudront, que les parents seront présents, mais n'auront pas de pouvoir de décision. Cependant, pour beaucoup d'entre eux, il n'est pas si facile de tenir leurs familles respectives à distance. En effet, le mariage des enfants est aussi un marqueur symbolique fort pour les parents. Même s'ils ont depuis longtemps quitté la maison, même si le gendre semble idéal, la bru parfaite, l'autre famille charmante – ce qui n'est pas toujours le cas ! –, le mariage signe une vraie rupture, un renoncement. Après le mariage, les enfants seront définitivement devenus grands et c'est à eux désormais que le monde appartiendra.

Il y a donc dans la cérémonie du mariage, qu'il soit civil ou religieux, dans les gestes, dans les discours qui l'accompagnent, tout le rituel d'un passage. On retrace le passé, mais c'est pour ouvrir l'avenir aux générations suivantes. Une nouvelle famille se crée qui, sans vouloir renier l'ancienne, la double cependant, la laisse un peu derrière. La fierté croise la tristesse. La joie, le chagrin. On pleure beaucoup durant les mariages. D'émotion, de joie, de mélancolie aussi.

Devenir adultes

Quelle place alors donner aux parents afin que la reconnaissance qu'on leur doit pour nous avoir conduits jusque-là ne se confonde pas avec la culpabilité de s'éloigner d'eux ? Quelle place qui ne soit pas toute la place ? Comme les parents assument souvent une grande partie des frais, ils se consolent parfois de perdre la main en ayant leur mot à dire sur un peu tout. Et ce qu'ils disent n'est pas toujours d'une grande cohérence dans la mesure où les possibilités financières des deux familles, leurs choix religieux, leurs ancrages sociaux, leurs références culturelles ne sont pas forcément les mêmes. Et cela, sans parler du vrai casse-tête que les recompositions familiales peuvent engendrer : les pères ne voulant plus voir les mères, qui elles-mêmes ne pourraient de toute façon pas supporter d'être dans la même pièce que les nouvelles épouses. Au point que certains jeunes couples, découvrant avec stupéfaction que, dans ces circonstances, ils se montrent plus mûrs que leurs parents et à bout d'efforts diplomatiques, envisagent sérieusement deux cérémonies : une fête avec les familles paternelles et une autre avec les familles maternelles.

Quant aux futurs mariés eux-mêmes, si, comme ils le disent tous, la tension monte en eux et entre eux à mesure que le jour approche, c'est parce qu'ils prennent la véritable mesure de l'événement. Le mariage est une exposition maximale, y compris de leur intimité.

Sous le regard de tous, de leurs familles et de leurs amis, et même s'ils vivent déjà ensemble, ils vont franchir un cap. S'engager au moins symboliquement « pour la vie », changer d'identité, de statut social. Devenir adultes. C'est d'ailleurs ainsi qu'à la dernière minute, certains prenant peur, se sentant brusquement incapables d'affronter ce risque, s'enfuient ou se rétractent.

Vouloir éviter toutes les tensions inhérentes à un mariage n'aurait pas de sens. Au contraire, la meilleure chose à faire est peut-être de s'y attendre. Savoir que le chemin qui mènera au jour du mariage sera semé d'embûches, permettra de ne pas majorer leur importance quand elles surviendront. Ensuite, cette épreuve, parce que c'en est souvent une, peut donner l'occasion à chacun des deux partenaires de mieux se connaître, de connaître ses propres limites, celles de l'autre et surtout celles qu'ils doivent désormais tracer, poreuses mais fermes, entre leur couple et leurs familles respectives. À eux de déterminer ensemble ce qu'ils peuvent accepter et ce qu'ils doivent refuser de leurs parents. L'aide, le soutien, mais ni l'intrusion, ni la critique, voilée ou non du partenaire, ni la mise en cause de leurs choix. Cet apprentissage de l'autonomie de leur couple, de sa liberté, leur sera fort utile par la suite lorsqu'ils auront eux-mêmes des enfants.

Petit théâtre de la consultation conjugale

Scène 2 – On a décidé de se marier

Céline : On vient vous voir parce qu'on a décidé de se marier.

Bob : Et qu'on n'est plus très sûrs que ce soit une bonne idée.

Céline : Il y a encore trois mois, on nageait dans le bonheur.

Bob : Et là, on s'enfoncerait plutôt dans le malheur.

Céline : Tout est devenu si compliqué. Hier, il m'a même dit qu'il vaudrait peut-être mieux se séparer.

Bob : C'est que je ne sais plus où j'en suis.

Céline : J'en ai pleuré toute la nuit.

Bob : Moi aussi.

Céline : Le pire, c'est que nos familles nous harcèlent.

Bob : J'ai l'impression qu'on est redevenus des gosses qui doivent se marier juste pour leur faire plaisir.

Céline : Et en plus, ils ne sont pas d'accord entre eux : « Votre traiteur ? Ah non ! Le nôtre ! » On se croirait dans *La vérité si je mens !*

Bob : Tu te souviens de comment ça se termine, toi ?

Céline : Pas trop.

La conseillère conjugale : Alors ce serait peut-être une bonne idée de réfléchir ensemble à la manière dont vous voulez, vous, continuer votre histoire.

Avoir un enfant ?

Passé les premiers moments de la lune de miel, les premières marques d'engagement, le couple a besoin de se projeter dans l'avenir. Bien sûr, il ne va pas tout de suite acheter une maison. Il ne va pas non plus, du jour au lendemain, décider d'avoir un enfant. Mais cette question arrive parfois plus vite qu'on ne le croit. Comme un désir qui se prolonge, une rêverie à deux. Il s'agit souvent d'une étape heureuse. Mais pas toujours. Et comment faire lorsque ça bloque, lorsque l'un veut un enfant et l'autre pas ?

L'histoire de Lyne et Bertrand

Lyne et Bertrand s'aiment, aucun doute là-dessus. Jamais, ils le disent l'un et l'autre, ils n'avaient connu pareille harmonie dans leurs couples précédents. Entre eux, pas besoin de longues discussions. Sur la plupart des sujets, ils se comprennent à demi-mot. Ils ont les mêmes goûts, les mêmes envies. Du moins ils les avaient car, depuis que Lyne a dit à Bertrand qu'elle voulait un enfant, rien ne va plus entre eux.

« Tu ne peux pas m'imposer ça ! » *Quand on voit Lyne pour la première fois, on l'imagine pourtant tout de suite en mère de famille épanouie. Et d'ailleurs, son métier est de s'occuper des tout-petits : elle travaille dans une boutique de jouets et de vêtements pour enfants. À quarante ans, c'est une jeune femme chaleureuse, à la voix douce, qui sait écouter et faire preuve d'empathie. Elle vit avec Bertrand depuis trois ans. Lui aussi a une quarantaine d'années. « Déjà ça de passé ! » dit-il avec un petit sourire faussement cynique. Nettement moins à l'aise que Lyne, on le sent perpétuellement sur ses gardes. Il le confirme : ce n'est pas un hasard s'il a choisi, lui, un métier qui implique le moins de contacts possibles avec autrui. Il est seul devant son écran. Ça le protège. Il n'y a que la présence de Lyne qui puisse vraiment le rassurer.*

« Tu ne peux pas m'imposer ça, dit Bertrand. Je ne veux pas, je ne peux pas. Un enfant, c'est des contraintes, des contraintes qui durent toute la vie, je n'ai pas la force de faire ce projet-là. D'ailleurs, de manière générale, je ne veux pas me projeter. Je suis comme ça. Je préfère vivre au jour le jour. J'ai assez de mal à me supporter moi-même, alors me reproduire, ça me paraît fou. » Pour Bertrand, s'il cède, tout sera biaisé entre eux. Faire un enfant pour ne pas perdre Lyne ? Non seulement il ne veut pas, mais en plus ça ne marchera pas. Mieux

vaut se séparer, rompre la relation parce qu'il ne veut pas d'enfant que la rompre parce qu'il aura fini par céder. « Tu souffriras moins, ajoute-t-il, et moi aussi. »

Cette phrase-là, Lyne ne veut pas l'entendre. Elle interprète le refus de Bertrand comme un manque de confiance. Cet enfant dont il ne veut pas, on dirait qu'il craint de devoir l'assumer tout seul, comme si elle n'existait pas, comme s'il allait être seul à s'occuper de lui. Elle y voit un manque d'amour aussi : « Moi, je comprends que tu puisses avoir peur, dit-elle, mais toi, tu préfères me laisser tomber plutôt que d'envisager même de changer d'avis ! »

Des identités blessées *Lyne n'a pas du tout connu son père. Il a disparu, pense-t-elle, avant sa naissance. Sa mère ne lui a jamais parlé de lui, n'a jamais voulu lui raconter ce qui s'était passé. Il n'y a pas de photos de lui, pas de lettres, pas de traces, rien. Lyne soupçonne sa mère d'avoir essayé d'avorter. « Mais, ajoute-t-elle, ça n'a pas marché. Je suis là et je me suis juré qu'il ne m'arriverait pas la même chose qu'à elle. » Et, de fait, pendant longtemps, elle a éludé la question. Aurait-elle un jour un enfant ? Elle ne savait pas, elle n'était pas sûre, pas prête. Jusqu'à ce qu'elle rencontre Bertrand. Avec lui, même si elle ne le lui a pas dit tout de suite, elle a commencé à se sentir capable de fonder une famille.*

Lui pas. Au-delà des arguments rationnels qu'il évoque dans un premier temps, il y a autre chose et Bertrand finit par le reconnaître. « Le fond de l'affaire, dit-il, c'est que je déteste mon père. C'était un homme alcoolique, violent, qui a détruit la vie de ma mère et un peu de la mienne avec. J'ai peur de devenir comme lui, j'ai peur d'avoir un enfant qui lui ressemble ! Je ne peux pas prendre ce risque, même pour Lyne, je ne peux pas. » Bertrand n'a pas été plus désiré que Lyne. Les familles ont forcé ses parents à se marier. Il a grandi dans une atmosphère de drame et de haine. Finalement, sa mère a réussi à quitter son père, mais Bertrand, enfant solitaire, adolescent à l'écart, a traqué toute sa vie en lui une ressemblance qui lui fait horreur et qu'il ne veut pas transmettre.

Sortir de la peur et de la répétition *Dans leur histoire, Lyne et Bertrand ont en commun ce vide, cette interrogation douloureuse sur leur filiation, sur ce qui a fondé une identité que Bertrand, en tout cas, juge fondamentalement mauvaise. C'est sans doute ce qui, dans un premier temps, les a rapprochés et rassurés. Ils pouvaient se procurer l'un à l'autre ce qu'ils n'avaient pas reçu de leurs parents ou qu'ils avaient peur de donner à leurs enfants. S'ils veulent rester ensemble, il faudra que Bertrand arrive à se convaincre que c'est avec lui que Lyne veut un enfant, que c'est lui qu'elle veut pour père de son enfant, qu'il ne s'agit pas d'un caprice de dernière chance parce que l'horloge biologique menace. Il faudra surtout qu'il affronte enfin les questions qu'il se pose sur son origine et qu'il aille chercher les réponses.*

Quant à Lyne, elle devra réfléchir aux raisons pour lesquelles elle a choisi de lier sa vie à un homme qui ne lui a jamais caché ses difficultés. Que rejoue-t-elle ? Que veut-elle réparer en cherchant à faire un père d'un homme qui dit ne pas se sentir capable de l'être ?

Et nous ?

Pour Lyne, le fait que Bertrand ne veuille pas d'enfant avec elle signe avant tout une peur d'envisager un avenir commun, un manque de confiance en elle et dans leur couple. Et c'est vrai que projeter d'avoir un enfant ensemble est un marqueur fort. Pas le seul, bien entendu. Des couples peuvent parfaitement s'inscrire dans la durée avec d'autres choix, d'autres étayages, d'autres projets, pourvu qu'ils soient au clair sur ce qu'ils veulent ou pas.

L'énigme du désir d'enfant

On peut très bien vivre sans enfant, y compris en couple, à condition que les deux partenaires soient d'accord. Il existe même des associations « child free » qui militent pour leur droit à ne pas vouloir d'enfant. Par ailleurs, désirer des enfants pose autant de questions que l'inverse. Est-ce que c'est ce que je le veux vraiment ou est-ce que je suis influencé par la tradition, la religion, ma famille, mes amis ? Est-ce que c'est mon « vrai » désir ou est-ce que je veux faire comme tout le monde ? Alors que la question ne se posait pas pour les générations de femmes d'avant la contraception, aujourd'hui, théoriquement, on peut choisir. Dès lors, quand la question de l'enfant émerge au sein d'un couple et que le désir de l'un se heurte au non-désir de l'autre, les choses deviennent douloureuses au point de remettre toute la relation en question.

Dans la grande majorité des cas, lorsque ce blocage survient, ce sont souvent les femmes qui insistent pour tenter de le dépasser. Ne serait-ce que parce que leur horloge biologique n'est pas la même que celle des hommes et qu'elles sont aujourd'hui coincées entre deux injonctions contradictoires : s'épanouir individuellement, être autonomes, battantes et, d'un autre côté, coller aux représentations toujours prégnantes qui font de la maternité un achèvement. Entre leur carrière à construire et l'âge limite de la fertilité, elles disposent de beaucoup moins de temps que leurs compagnons pour se décider à faire des bébés.

Les craintes, en revanche, ce sont en général les hommes qui les expriment. Certains évoquent des motifs d'ordre idéologique, politique. « Pourquoi faire naître un enfant dans un monde aussi abominable ? » D'autres mettent en avant les conditions matérielles qui, selon eux, s'opposent à la venue de l'enfant : un logement trop petit, des ressources insuffisantes, une situation professionnelle instable. Certains encore ont peur de passer au second plan, le bébé du couple, c'est eux, et personne d'autre ! Ou de revivre une rivalité qu'ils ont connue, quand ils étaient eux-mêmes enfants, à l'arrivée d'un petit frère ou d'une petite sœur. Certains avancent l'existence d'un enfant né d'une union précédente, la peur de lui donner un rival, le souhait de ne pas créer un nouveau lien qui risquerait lui aussi d'être à terme distendu ou rompu : élever un nouvel enfant, alors qu'ils ont le sentiment de ne pas s'être assez bien occupés de celui qu'ils ont déjà, leur semble être une trahison. D'autres enfin évoquent les contraintes qu'entraînerait la paternité : « J'ai besoin de m'accomplir, disent-ils, de vivre pleinement mon couple, ma carrière, ma vie : un enfant serait un obstacle, un frein à ma liberté. » Aux reproches d'égoïsme – souvent faits par leurs propres parents –, ils répondent que la question n'est pas là et qu'ils ne voient pas en quoi mettre un enfant au monde serait un acte particulièrement altruiste. Qu'il peut même y avoir un certain égoïsme à « vouloir avoir », à « posséder » un enfant. Et que les raisons pour lesquelles on souhaite en avoir ne sont pas plus éthiquement acceptables que celles pour lesquelles on n'en veut pas.

Des obstacles cachés

Bien entendu, il ne s'agit pas de dire qu'aucun de ces motifs ne tient, ni de nier que des difficultés réelles de tous ordres, notamment économiques, peuvent être un frein à un projet d'enfant. Pas plus qu'il ne faut systématiquement mettre en doute le bien-fondé d'un refus. Néanmoins, il existe souvent, en arrière-plan, des obstacles plus cachés, plus profonds. Ces obstacles tiennent à l'histoire personnelle de chacun, à la manière dont il s'est construit dans son identité d'homme, de femme, aux représentations bonnes ou mauvaises qu'il s'est fait de ses objets d'identification première (son père, sa mère), à la relation qui s'est nouée ou pas avec eux. On peut ne pas vouloir devenir père ou mère parce que l'on a, par exemple, peur de reproduire la violence qui a été celle de son propre parent. Parce que l'on manque de confiance en ses capacités à s'occuper d'autrui. Parce que l'on a peur de vivre à une autre place ce que l'on a mal ou pas vécu. Ou encore parce que l'on voit dans l'enfant un rival qui viendrait vous chasser de celle que vous occupez.

Dire que l'on ne veut pas d'enfant est plus difficile pour une femme à cause de la pression psychologique et sociétale encore très forte autour de la maternité perçue comme un aboutissement, un prolongement « naturel » de l'« être femme », de son « destin ». Dès lors, quand ce refus s'exprime, il faut, là aussi, bien distinguer un choix qui serait clairement et consciemment assumé de réticences inconscientes qui se traduisent par une grande ambivalence.

Lorsque les femmes peuvent énoncer leurs craintes, elles évoquent souvent la peur d'être enceintes, de voir leur corps déformé, d'être « envahies », d'abriter en elles un étranger, un alien – avec ce que ça peut entraîner d'angoisse de déchirement, de mort –, de ne plus être désirables, de ressembler à leur mère ou, au contraire, de ne pas être à la hauteur de celle-ci.

Faire un enfant, c'est en effet montrer quelque chose de sa sexualité aux autres et avant tout à ses parents. C'est aussi, en quelque sorte, prendre leur place et, en devenant à son tour parent, les rejeter d'un cran dans la chaîne des générations, anticiper leur mort.

Toutes ces craintes douloureuses, profondes, sont donc à prendre très au sérieux et nécessitent, quand elles s'expriment avec cette force, un vrai travail d'élaboration.

Dénouer les fils

Alors que faire ? Que faire face à quelqu'un qui dit vous aimer mais ne pas se sentir la force d'avoir un enfant avec vous ? Quelqu'un qui, comme Bertrand, dit préférer encore rompre la relation parce qu'il ne veut pas d'enfant que de la rompre parce qu'il en aura un ?

Faudra-t-il renoncer à l'enfant ? Renoncer à la relation ? Comment prendre une décision ? Comment se séparer de quelqu'un que l'on aime, qui vous aime, avec qui on partage tout « sauf ça » ? Comment faire le deuil du désir d'enfant si l'on a choisi de rester avec la personne qui n'en veut pas ?

On peut d'abord tenter de rassurer son partenaire, de lui montrer que l'on saura s'organiser pour que l'arrivée de l'enfant ne bouleverse pas totalement l'équilibre du couple, que chacun trouvera ou retrouvera sa place, que l'on fera appel aux amis, aux parents, que l'on s'en sortira financièrement. Pourtant comme, dans la plupart des cas, il s'agit de blocages plus profonds, si on en reste à l'invocation de raisons « raisonnables », on n'y arrivera peut-être pas.

On n'y arrivera pas non plus en en parlant tous les jours. En cherchant à culpabiliser son partenaire ; en le mettant, à ses propres yeux et à ceux des autres, en position d'accusé. En lui suggérant qu'il ou elle est malade, anormal, puisque « tout le monde, sauf lui ou elle, a envie d'avoir un enfant », qu'il ou elle devrait « se faire soigner ». Mieux vaut lui proposer de réfléchir, voire de consulter ensemble. Après tout, c'est une question qui concerne le couple et il peut être intéressant pour celui qui souhaite un enfant de se demander pourquoi il a voulu construire quelque chose justement avec une personne pour qui cette question de la maternité ou de la paternité est si problématique.

De même, forcer la main, « oublier » sa pilule et se « retrouver enceinte » sans l'accord de son compagnon est un jeu très dangereux et sans doute la pire des solutions pour tout le monde. Y compris pour l'enfant à venir. Si l'on est tenté de le faire, c'est que l'on a des questions à se poser sur les raisons de son propre désir d'enfant. Que veut-on prouver et à qui, en souhaitant en avoir un à tout prix ? Le partenaire peut à juste titre se sentir floué, trahi, réduit à un rôle de géniteur impuissant et, surtout s'il a des doutes sur sa capacité à être père, se sentir incapable d'investir son enfant. S'il est une chose dont le partenaire hésitant à besoin d'être convaincu, c'est que cet enfant, c'est avec lui qu'on veut l'avoir, l'élever, parce qu'on l'aime, que l'on a confiance en lui, et même si lui en doute, confiance en sa capacité d'être parent et confiance en sa capacité de vous aider à être parent.

La bonne démarche consiste donc à essayer de dénouer les fils et à tenter de comprendre en quoi et pourquoi cette question vient impacter avec une telle charge d'angoisse une relation qui semble, sinon, si parfaitement harmonieuse.

Il faut enfin essayer d'être au plus près de son propre désir. Un homme ou une femme qui, pour des raisons qui lui appartiennent – son passé, son âge, le fait d'avoir déjà d'autres enfants – ne veut pas ou plus d'enfant, doit le dire clairement, peut-être pas au tout début, mais dans les premiers temps de la relation. À l'inverse, une femme ou un homme qui ne conçoit pas sa vie sans enfant doit se dire qu'il vaut mieux se séparer plutôt que de renoncer à cet axe de vie. D'autre part, si il ou elle préfère rester avec son partenaire, ça ne peut être qu'après avoir fait un travail qui lui aura permis de comprendre que son propre désir d'enfant n'était peut-être qu'un leurre. Que ce partenaire avait été choisi justement parce qu'il n'en voulait pas et que cet élément du choix permettait d'une part de réaliser son propre désir inconscient de ne pas avoir d'enfant et de s'en dédouaner – à ses propres yeux comme aux yeux d'autrui, notamment des parents – en l'attribuant à l'autre.

Petit théâtre de la consultation conjugale

Scène 3 – Mon ami ne veut pas d'enfant

Samia : On vient vous voir parce que mon ami ne veut pas s'engager.

Loïc : Arrête ! On n'a même pas 30 ans et on parle d'acheter un appartement. Ça ne veut rien dire pour toi ?

Samia : Si, bien sûr, mais c'est pas le plus important : tu ne veux pas d'enfant !

Loïc : Je n'ai jamais dit ça : je ne suis pas encore prêt, c'est tout.

Samia : Mais moi je le suis, prête ! Vous voyez, lui et moi, on n'a pas connu nos parents, on a été trimballés de famille d'accueil en famille d'accueil, alors moi, je veux qu'on en fasse vite une vraie, à nous, avec des enfants.

Loïc : Laisse-moi un peu de temps ! Moi aussi je veux une famille, moi aussi je veux des enfants. Mais j'ai besoin d'être sûr. Pas de toi, pas de nous, mais de la vie qu'on va leur donner. Il faut d'abord qu'on se pose quelque part.

La conseillère conjugale : Au fond, chacun de vous a besoin d'un monde plus solide pour se sentir à l'abri. On peut travailler ici sur l'ordre dans lequel vous allez le construire ensemble.

Deuxième partie

Vivre en couple

Une fois les premiers obstacles franchis, une fois trouvé le partenaire avec qui on a souhaité s'engager, se projeter et finalement partager son quotidien, ce n'est pas seulement le nouvel appartement qu'il faut aménager, mais la vie à deux. Et là, le shopping chez Ikea ne suffit pas. Surtout si l'on est un jeune couple sans trop d'expérience d'une vie commune – sauf ce que l'on a pu en voir chez ses parents et qu'il n'est pas question, bien sûr, de reproduire. Avant de vivre vraiment ensemble, aucun des deux n'était sans doute assez naïf pour croire qu'il n'existerait pas entre eux au quotidien des tensions, des divergences, des concessions à faire et des compromis à négocier, mais chacun était certain que l'amour y pourvoirait, que la communication serait aisée, les terrains d'entente faciles à trouver. De même que, quand on aime, on ne peut imaginer sans douleur que l'on puisse un jour cesser d'aimer, il est rare, durant la période d'illusion amoureuse, que l'on veuille anticiper les querelles que peut entraîner la gestion au quotidien des courses à faire, des poubelles à sortir et du linge à laver.

D'autant qu'il n'y a pas que ces détails d'intendance qui commencent au bout d'un certain temps à susciter quelques tensions. D'autres questions se posent ou ressurgissent d'un passé que l'on croyait avoir laissé loin derrière soi. Plus profondes, plus difficiles à traiter par l'humour ou la bonne volonté. Comment garder son autonomie sans se mettre à distance ? Comment se rapprocher sans s'oublier soi-même ? Ne risque-t-on pas d'abdiquer au profit de l'autre sa liberté, son indépendance ? Que peut-on accepter, que doit-on refuser ? Quelles sont les limites et comment les déterminer ? Et qu'y a-t-il derrière les habitudes de chacun ? Ses manies ? Son rapport à l'argent ? Comment lutter contre la routine, rester dans la séduction, le désir, continuer à vraiment se parler ?

Faire une place à l'autre

Éviter l'engrenage des disputes

Un couple qui ne se dispute jamais, ça n'existe pas ! Sans doute même s'ennuierait-on si l'on était toujours d'accord sur tout. La difficulté survient quand la dispute devient un mode de communication quasi permanent. Dès lors, on peut se demander quel rôle jouent ces querelles dans l'économie affective du couple. Quel scénario répètent-elles ? Comment s'en dégager ? Comment aussi, peut-être, en tirer parti ?

L'histoire d'Amina et Clémence

Amina et Clémence n'ont pas 30 ans, cohabitent depuis un an à peine et... se disputent tout le temps. Au point qu'elles se demandent aujourd'hui si ça a encore du sens de vivre ensemble. Clémence est une jeune femme apparemment douce, calme, qui dit ne plus supporter l'état dans lequel leurs scènes la mettent. Amina non plus. Elle voudrait comprendre pourquoi ces querelles éclatent brusquement alors que ni l'une ni l'autre ne les voit arriver.

Cris et silences *Elles viennent toutes deux d'un milieu assez modeste et chacune a suivi une scolarité brillante. Clémence a peut-être un peu mieux réussi qu'Amina, dont les parents, arrivés du Mali juste avant sa naissance, auraient autant aimé qu'elle travaille dans le petit restaurant de son oncle que de la voir s'engager dans une prépa HEC. D'autant que, quand on s'appelle Amina et que l'on aime les femmes, trouver ensuite un travail à la mesure de son ambition n'est pas gagné : elle est en train de le vérifier. Mais de là à penser que cette injustice serait la cause des querelles incessantes qui les déchirent...*

Que se reprochent-elles ? *La question les laisse perplexes. Rien, sauf de se faire souffrir malgré elles. Rien, sinon les silences d'Amina, les colères de Clémence et la manière dont les uns s'alimentent des autres dans une circularité impitoyable. Tout couple en crise se trouve pris dans des interactions en boucle, mais le leur tout particulièrement. Leurs disputes adoptent toujours le même schéma. Ça peut arriver n'importe quand : le matin au réveil, mais aussi après un dîner avec des amis ou même, et c'est un comble, dit Clémence, en vacances. Pour une raison que Clémence, dit-elle, ne perçoit pas,*

Amina semble s'éloigner peu à peu d'elle, parle moins, puis, devant les questions qui se font pressantes, coupe les ponts. Amina, elle, voit les choses d'un point de vue symétriquement opposé. Pour elle, ce sont les colères inexplicables de Clémence qui minent leur couple. Certes, il peut arriver qu'elle n'ait pas envie de parler, mais on ne peut pas parler tout le temps ! Et d'ailleurs, si elle n'exprime pas facilement ce qu'elle ressent, ce n'est pas une raison pour que Clémence parte en vrille ! Parce qu'une fois le processus enclenché, ni l'une ni l'autre ne parvient à l'arrêter. Plus Amina se replie, plus Clémence se met en colère, et plus elle se met en colère, plus Amina se replie. À la fin, vidées, désespérées l'une et l'autre, elles entreprennent tant bien que mal de reconstruire quelque chose de leur relation. Le problème, c'est que cette dernière phase est de plus en plus laborieuse. Et qu'elles ont peur un jour de ne plus y arriver.

La colère cachée de l'enfant parfait *Clémence, en bonne scientifique, s'est longtemps moquée des psys et de leur manie de tout référer à l'enfance, mais elle reconnaît que la sienne, sans être catastrophique, a pesé. Sa mère, une femme froide, peu câline, venait d'un milieu plus aisé que son père et ce dernier, stagnant dans une carrière sans envergure, souffrait de ne pas pouvoir offrir à son épouse ce dont, croyait-il, elle manquait. Du coup, il avait reporté tous ses espoirs d'ascension sociale sur ses enfants et, surtout, sur Clémence, l'aînée. C'était simple : il fallait qu'elle soit parfaite, bonne en tout, première partout, y compris en sport. Et Clémence, pressentant les enjeux terribles de sa réussite, avait joué le jeu, travaillé comme une folle et accompli étape après étape le destin que son père lui avait tracé. Elle ne s'en plaignait pas, mais il lui restait de son adolescence studieuse un assemblage de sentiments contradictoires : à la crainte permanente de décevoir se mêlait, dans un alliage bizarre, beaucoup de colère rentrée.*

Quant à la mère d'Amina, comme celle de Clémence, mais pour des raisons différentes, elle n'avait pas beaucoup de temps à consacrer à ses nombreux enfants. Son père non plus. Au fil des années, il était devenu de plus en plus rigide, intolérant, parfois même violent. Il était mort maintenant, mais Amina se rappelait combien la réussite de sa fille l'avait blessé tout autant que flatté, partagé qu'il était entre fierté et humiliation de la voir le dépasser, ainsi qu'il le disait. D'où son refuge dans le silence. « Les colères de mon père, dit-elle, m'anéantissaient. Et voilà que c'est toi maintenant qui t'y mets ! »

L'amour ne se mérite pas, il se donne *Amina et Clémence doivent comprendre les motifs qui se cachent sous les circonstances apparemment anodines de leurs disputes. Elles éclatent quand Clémence pense avoir tout bien fait, tout bien organisé pour qu'Amina soit contente mais que, d'après elle, ça ne marche pas. Se croyant chargée, comme jadis, de réussir à rendre tout le monde heureux, elle se sent blessée, elle en veut à sa compagne de la déception qu'elle lui imagine et qui, en réalité, est la sienne. Faute d'oser lui demander de la rassurer, elle laisse éclater une colère qui s'adresse d'abord à elle-même mais qu'Amina prend de plein fouet. D'autant qu'elle aussi, bien sûr, se sent rattrapée par son histoire. Par la violence de son père, mais surtout, comme Clémence, par les injonctions contradictoires dont elles étaient l'une et l'autre l'objet. Que faut-il faire pour se faire aimer ? Se couler dans le désir de l'autre ? Affirmer le sien ? Faute de connaître la réponse, elle préfère se retirer dans son coin.*

Peu à peu, Clémence comprendra qu'elle n'a pas besoin d'être parfaite pour rendre Amina heureuse. De son côté, Amina verra qu'entre soumission et révolte, il y a de la place pour exprimer tranquillement ce que l'on veut, que l'on peut dire oui ou non sans détruire l'autre ni se détruire soi-même. Et elles cesseront ainsi de projeter sur leur couple les silences et les violences d'autrefois.

Et nous ?

Les querelles entre Amina et Clémence venaient d'un passé lointain, d'une accumulation de colères interdites, de paroles rentrées. Elles étaient apparues dès le début de leur relation. Mais pour d'autres, la première dispute du couple prend souvent l'allure d'une très désagréable surprise.

Les dessous des disputes

On dirait que le conte de fées se rembobine à l'envers et en accéléré. En une seconde, le prince charmant se transforme en crapaud venimeux et la princesse devient une affreuse souillon. L'être aimé à la voix toujours douce, au timbre toujours posé, crie comme une harpie ou jure comme un soudard. Que s'est-il donc passé ? Pas grand-chose ! Cette première dispute signe seulement le retour inévitable à la réalité après la période de fusion amoureuse des débuts. Il y en aura d'autres !

En effet, commencer à se disputer, c'est montrer paradoxalement que l'on est désormais bien installé dans la vie à deux, avec ce qu'elle comporte de complicité, de partage, mais aussi de frictions et de frustrations. C'est le moment où chacun cesse de trouver tout dans l'autre, marque de nouveau sa différence et retrouve une part de son autonomie. C'est à la fois douloureux – on refait l'apprentissage de l'altérité – et nécessaire. On ne peut pas tout le temps penser la même chose en même temps, ni être d'accord sur tout. Il existe des zones de conflit où chacun doit pouvoir s'exprimer sans craindre de blesser l'autre ni de déclencher une agressivité excessive en retour.

Ne rien dire, s'adapter en permanence, éviter à tout prix le conflit, peut présenter des avantages à court terme, mais finit par devenir très coûteux. On ne refoule pas impunément l'affirmation de soi. Sinon elle se transforme en une agressivité qui, à son tour, finit par exploser un jour contre le partenaire ou par se retourner contre soi.

De la même manière, cesser de se disputer au bout d'un certain nombre d'années de vie commune peut signifier que l'on est parvenu à une forme d'harmonie apaisée, mais indique parfois au contraire que le couple s'est vidé de toute sa vitalité et, considérant qu'il est désormais trop tard, a renoncé à tout mode de communication qui ne soit pas aseptisé.

Les disputes ont donc du bon si elles permettent à chacun d'exprimer son point de vue, d'entendre celui de l'autre, de lui faire de la place et donc, en fin de compte, d'avancer dans le sens d'un enrichissement mutuel. Le problème est que ça ne se passe pas toujours de manière aussi adulte. Et qu'au lieu d'apparaître comme une intéressante confrontation d'opinions divergentes, la dispute conjugale emprunte souvent la voie plus dangereuse des reproches mutuels et récurrents. D'autant qu'au bout de quelques années de vie en commun, l'ardoise a pu passablement s'allonger de chaque côté. Rien de bien grave souvent, mais une succession de petits agacements qui se présentent « tout naturellement » à l'esprit dans les moments de tension ou de fatigue.

Éviter l'escalade

Premier écueil à éviter : ces moments-là justement. Ceux où l'on sait très bien qu'un rien va nous faire flamber, parce que la journée a été dure, le chef de service odieux, les enfants particulièrement insupportables. Dans ce cas, mieux vaut prévenir son partenaire que tout ce qu'il pourra faire ou dire sera retenu contre lui, que l'on a en réserve toutes sortes d'arguments de mauvaise foi, de ressentiments recuits et que ce serait bête, vraiment, de nous forcer à aller piocher dedans.

Deuxième écueil qui, comme le premier, exige la complicité active du partenaire pour l'éviter : le franchissement du point de bascule. Une dispute, c'est comme la grippe, c'est très difficile à arrêter une fois qu'elle a vraiment démarré, mais si on s'y prend dès le début, on peut y arriver. Il suffit de repérer en soi ou en l'autre cet instant à la fois effrayant et tentant où l'on est sur le point de céder à l'appel de la bagarre. Si l'on s'est mis d'accord auparavant pour trouver un geste tendre, un mot drôle qui désamorcera le mécanisme, ça peut marcher. La discussion pourra reprendre plus tard, à un moment où les tensions se seront apaisées.

Enfin, dernier écueil à éviter : se bloquer comme le faisait Amina, s'enfermer dans le mutisme. Là encore, une parole ou un geste dont les deux partenaires ont pu convenir à l'avance peuvent aider.

Si l'on y arrive, si l'on parvient à ce que la dispute ne bascule pas dans l'escalade de l'agressivité, le couple s'en trouve renforcé. Il a appris à désamorcer. Il a appris à différer. Il a appris à se parler, à s'écouter. Il a appris aussi à construire ensemble une solution, à surmonter ensemble une difficulté. Ayant passé cette épreuve, il se sent davantage en sécurité.

Éviter les dérapages

En revanche, lorsque la dispute s'est enclenchée, elle prend souvent la forme d'une culpabilisation en règle du partenaire : « Tu ne t'occupes pas assez de moi, tu ne penses qu'à toi, tu ne fais rien pour moi, tu ne m'aimes pas. » Dans ce cas, le mode de réponse est fréquemment le reproche symétrique : « Toi non plus, tu ne m'aimes pas, tu ne penses qu'à toi, etc. » Chacun peut alors dérouler à loisir la liste interminable des situations illustrant son propos, aucun ne voulant être en reste et continuant jusqu'à épuisement à batailler pour obtenir la palme du plus mal-aimé. L'autre mode de réponse consiste à sortir la liste inverse : celle de tout ce que l'on fait pour l'autre et qu'il ne voit jamais. Dans un cas comme dans l'autre, si la bonne volonté ne suffit pas à enrayer le mécanisme, il convient que le couple s'interroge. Que signifie ce besoin d'escalade symétrique dans le sentiment d'être négligé par son partenaire ? Qu'est-ce qui se cache derrière cette sorte d'appétence soit à l'accusation, soit à la justification ?

En effet, on a beau savoir qu'il faut éviter les mots vraiment blessants, ne pas attaquer l'autre sur ses points de grande fragilité, ses performances sexuelles, ses parents, qu'il vaut mieux dire les choses de manière positive, parler en son nom au lieu d'attaquer son partenaire, dire « je » au lieu de « tu » – « je me sens seule » et non « tu m'abandonnes » –, reconnaître que l'autre peut avoir raison, s'exprimer calmement plutôt que de hurler, on a beau savoir tout ça, la dispute conjugale, quand elle s'installe dans un couple au point de devenir le mode de communication principal, masque souvent un grave dysfonctionnement de la relation. Se disputer sans arrêt sur des détails sert alors à exprimer ce dysfonctionnement, mais signifie en même temps que l'on n'en veut rien savoir et surtout pas le régler, parce que l'on a trop peur des conséquences que cela pourrait entraîner. Certains couples passent ainsi une bonne partie de leur vie dans des querelles incessantes, parce qu'ils vivent mal ensemble, qu'ils ne se supportent plus, mais qu'ils sont terrifiés à l'idée de se séparer.

Petit théâtre de la consultation conjugale

Scène 4 – On n'est d'accord sur rien

Pierre : On vient vous voir parce qu'on n'est jamais d'accord ma femme et moi !

Marie : Alors là, je t'arrête tout de suite, je ne suis absolument pas d'accord avec toi.

Pierre : Tu m'étonnes !

Marie : Le problème, c'est que tu ne supportes pas qu'on ne pense pas comme toi.

Pierre : Et voilà, c'est reparti !

Marie : Parce que d'après toi, c'est moi qui ai commencé ?

La conseillère conjugale : Que faudrait-il faire pour que les choses changent ?

Pierre et Marie ensemble : Rien du tout ! Ça ne changera jamais.

La conseillère conjugale : Bon, je vois qu'au moins vous êtes d'accord pour n'être d'accord sur rien ! C'est une base de travail intéressante !

Faire des concessions

Qui « porte la culotte » ? Poser la question, surtout en ces termes à la fois désuets et légèrement machistes, c'est déjà bien souvent y répondre. C'est sous-entendre en tout cas que, dans un couple, les enjeux de pouvoir existent. Soit qu'ils prennent la forme d'une lutte perpétuelle pour se l'approprier. Soit qu'il s'établisse entre les deux partenaires une relation dominant-dominé plus subtile qu'il n'y paraît. D'où vient que le couple met en place ce type de rapport ? Et comment faire pour ne pas laisser se figer les rôles et les places ?

L'histoire de Martin et Valérie

Pour Martin et Valérie, vivre ensemble n'était pas gagné d'avance. Ils s'étaient rencontrés au cours d'un voyage au Viêtnam. Lui sortait d'une rupture difficile, elle n'avait pas eu de relation suivie depuis un an. Ce voyage avait été pour tous les deux une parenthèse enchantée. Il l'avait trouvée fraîche, pleine d'humour, ouverte, elle avait été séduite par son côté à la fois « explosif » et secret. Mais dès le retour à Paris, les choses avaient commencé à se compliquer.

Jamais d'accord *Tous deux ont des caractères affirmés, des investissements professionnels forts, des idées bien arrêtées sur ce qu'ils attendent de la vie. Et, bien entendu, aucun ne veut céder. Martin trouve Valérie affreusement susceptible : « Elle ne supporte pas la moindre critique. Du coup, je me retiens de lui dire quoi que ce soit, ça me frustre et je me sens rejeté. » Valérie n'en revient pas, elle ressent exactement la même chose de son côté : « Et même quand on parle, on ne s'écoute pas. Chacun reproche à l'autre de vouloir lui imposer sa manière de vivre, son "comme je veux, quand je veux". »*

Des exemples ? Ils n'en manquent pas. Et d'ailleurs, ce sont les mêmes, sauf qu'ils en font une lecture bien différente. Ainsi, très vite après leur retour du Viêtnam, Martin a voulu présenter Valérie à Nils, son fils de huit ans. Pour lui, c'était une manière de montrer à la jeune femme qu'il se sentait prêt à aller plus loin avec elle, à vraiment s'engager. De son côté, Valérie hésitait. Non que l'engagement lui fasse peur, mais elle voulait être sûre, sûre de son choix, sûre de ne pas abdiquer trop tôt, trop vite, sa liberté. En revanche, quand elle s'est sentie prête, ça n'a pas traîné. Un samedi où elle savait Nils chez Martin, elle avait débarqué sans prévenir, avec les bras pleins de jouets, de gâteaux et de bonbons. Nils s'était montré ravi, mais curieusement, sur le moment, Martin, lui, n'avait pas eu l'air très enthousiaste. Même scénario deux ans plus tard : Martin lui reprochait de ne pas assez croire dans leur couple, il voulait des enfants avec elle, il voulait se marier et Valérie freinait ; elle avait son travail, sa carrière, elle ne voulait, elle, rien sacrifier. Et puis un jour, Valérie a fait un petit détour par la mairie pour rassembler tous les documents nécessaires, elle a acheté deux alliances et quand Martin lui a ouvert la porte, elle l'a tout simplement demandé en mariage. Comment comprendre, dit-elle, qu'au lieu de bondir de joie il ait trouvé, dans les cinq minutes suivantes, le premier prétexte venu pour enclencher une scène ?

Conquérir son autonomie *Valérie vient du nord de la France : une famille d'anciens mineurs, unie, mais dure, avec des principes solides et des mises en garde précises. Pour son père, la vie est une série de missions à remplir, de devoirs à accomplir, d'obligations qu'il est le premier à se donner et à imposer aux autres. Dans cette famille, on surveillait de près les filles. Jusqu'à un âge avancé, pas question qu'elles prennent seules les transports en commun et encore moins qu'elles sortent le soir. Valérie a hérité de cette éducation un goût de la rébellion qui s'enracine dans une lutte plus ou moins consciente contre ses propres réflexes de soumission. Pour faire plaisir à son père, pour ne pas le décevoir, elle a investi sa scolarité, fait des études supérieures et travaille maintenant comme chef de produits dans une grosse entreprise pharmaceutique. Parallèlement, elle a développé un grand besoin d'autonomie lié à la peur de se faire encore, dans sa vie d'adulte, gouverner par autrui. Elle avait plus de vingt ans quand elle a accepté de se laisser approcher de près par un garçon.*

Chez Martin, c'était tout le contraire. Ses parents ne s'aimaient plus vraiment depuis longtemps, mais ils géraient un restaurant ensemble et ne pouvaient pas songer à se séparer. Par ailleurs, comme ils n'avaient pas non plus trop le temps de s'occuper de Martin, ils l'avaient mis très jeune en pension. Le restaurant avait dû fermer. Le père, aigri, en avait tenu sa femme pour responsable et ils avaient fini par divorcer. Les enfants, ballottés, avaient suivi tant bien que mal les aléas des recompositions familiales.

Que sa première femme l'ait quitté a profondément blessé Martin et ce à quoi il aspire maintenant, c'est à fonder une famille, une vraie, avec une vraie maison et des enfants qui n'y vivent pas seulement le week-end. Une famille, pas une « équipe », même égalitaire, comme Valérie dit parfois le souhaiter pour se démarquer des schémas de son enfance.

Au fond, ce dont ils ont manqué tous les deux, c'est d'avoir prise sur leurs choix. Pas étonnant qu'ils aient du mal à imaginer devoir « se plier », comme ils disent, aux décisions de l'autre. Martin a l'impression qu'à chaque fois qu'il a demandé quelque chose d'important à Valérie elle a commencé par le lui refuser. Quant à Valérie elle a bien du mal à comprendre pourquoi Martin, lorsqu'elle finit par « céder », semble ne plus du tout être intéressé.

Se libérer du passé *Pour sortir de ce jeu à deux, il va leur falloir dégager leur couple des représentations qui viennent entraver la relation. Mieux comprendre ce qui, dans son enfance, a amené Valérie à développer cette peur de la soumission aidera Martin à ne pas se sentir atteint par la manière maladroite dont elle use pour lui montrer à quel point elle tient à lui. Quant à Valérie, elle verra que l'attitude de Martin n'est pas un désir de mainmise, mais le besoin d'être rassuré sur les sentiments qu'elle lui porte. Avoir trop attendu de ses parents une réponse – qui ne venait jamais – à ses demandes d'amour a créé chez Martin une souffrance que les « hésitations » de Valérie ont ravivée. De ce fait, quand la réponse arrive, elle a déjà pour lui le goût du refus. Il devra apprendre à différer. Et Valérie à distinguer le fait de céder et celui de répondre positivement à une demande.*

Et nous ?

Les conflits entre Valérie et Martin prennent la forme d'une lutte pour le pouvoir dans laquelle aucun des deux ne veut céder. Mais certains couples qui partagent des problématiques semblables adoptent d'autres types d'organisation de la relation. Le cas le plus fréquent prend la forme d'un rapport dominant-dominé où l'un occupe la position « haute » et l'autre la « basse ».

Une dépendance mutuelle

En réalité, de tels couples s'organisent autour d'une dépendance mutuelle. Évidente dans le cas du dominé sur qui s'exerce l'emprise de son partenaire, elle n'en est pas moins forte chez le dominant, qui dépend tout aussi fortement du pouvoir qu'il exerce sur l'autre. Si cet autre venait à échapper à son contrôle, c'est non seulement la relation qui serait menacée, mais lui-même. L'équilibre que ce type de couple trouve parfois est donc fragilisé des deux côtés, par d'éventuelles tentatives d'autonomie de l'un, par un excès de contrôle de l'autre. Plutôt que de parler d'un couple dominant-dominé, il vaut peut-être mieux parler d'un couple où cette problématique de lutte contre la dépendance est au centre de la relation. C'est l'histoire personnelle de chacun qui fait que cette lutte contre la dépendance prendra plutôt, à l'âge adulte, notamment dans la relation de couple, la forme de la domination ou de la soumission.

En effet, du côté du dominant, le besoin d'avoir barre sur l'autre est souvent une défense contre la peur ou la tentation d'être soi-même dominé ou soumis. Contre la peur de la séparation aussi. Maintenir l'emprise, c'est maintenir le lien. Avoir quelqu'un sous sa dépendance sert alors de protection contre cette tentation ou ces craintes. La culpabilisation est souvent l'une des armes favorites du dominant. Critiquer l'autre, l'accabler de reproches, le faire se sentir perpétuellement défaillant, en faute, instaure une forme de pouvoir sur lui, masque l'insécurité fondamentale du dominant. Un des problèmes du dominant est qu'il veut qu'on lui obéisse, mais qu'on lui obéisse de l'intérieur, autrement dit, librement. Le besoin de domination prend alors souvent les allures d'une exigence de transparence : « Puisqu'on s'aime, on doit tout se dire », ce qui est évidemment une manière de vouloir contrôler encore davantage son partenaire de l'intérieur. Toutefois, comme il n'est pas question qu'on lui dise ce qu'il n'a pas envie d'entendre et que, du reste, le partenaire ne souhaite nullement lui révéler, une forme d'entente tacite finit par s'installer où chacun sait ce que l'autre ne veut pas savoir ou divulguer.

Jeux de rôles

De fait, la relation dominant-dominé ne « fonctionne » que si un accord latent, inconscient, s'établit entre les deux partenaires pour qu'il en soit ainsi. Par conséquent, il y a chez celui qui joue le rôle du dominé, dans la soumission à l'autre, dans le fait de s'en remettre tout entier au bon vouloir de l'autre, une sorte de nostalgie régressive d'un état où l'on se sent guidé, tenu, pris en charge. Dans le couple, pouvoir s'abandonner à l'autre procure un sentiment de bien-être, de sécurité. Mais, le plus souvent, la docilité, la soumission ne sont qu'apparentes. Il peut même y avoir, de façon plus ou moins masquée, une forme de prise de pouvoir dans le fait d'être toujours coopérant, jamais ouvertement révolté contre le partenaire qui assujettit. Se montrer toujours passif, n'être jamais moteur de rien peut en effet susciter chez l'autre des inquiétudes sur la réalité du pouvoir qu'il exerce.

On comprend que se rejouent ici, de chaque côté, des fixations infantiles. Dominant comme dominé se sont vécus comme des enfants décevants, qui n'ont pas su satisfaire leurs parents. L'un, le dominé, se maintient dans cette position d'enfant insatisfaisant qui espère toujours arriver à satisfaire son partenaire-parent. L'autre, le dominant, échappe à ce rôle et à cette souffrance en s'identifiant au parent « déçu ».

Tant que l'équilibre se maintient dans cette tension où l'un délègue à l'autre son besoin de dépendance et le second au premier son besoin d'autonomie, tant que la relation est fondée sur un contrôle pas trop apparent et des secrets relativement anodins, le couple peut parfaitement durer sans trop souffrir. Chacun sachant jusqu'où il ne faut pas aller, l'un dans l'emprise, l'autre dans la résistance.

La crise survient quand, pour des raisons internes ou externes au couple, l'équilibre est rompu. Par exemple, au départ des enfants. Une femme qui jusque-là répartissait son emprise sur ses enfants et son mari, la reporte entièrement sur ce dernier, qui, supportant mal cet excès brusque de contrôle, cherche à affirmer de manière plus active une part d'autonomie. Les reproches s'enclenchent alors sur le mode bien connu des enchaînements circulaires. « Si je cherche à t'échapper, c'est que tu me tyrannises, que tu me maintiens prisonnier, que tu me traites comme un enfant, dit l'un. – Si je te surveille ainsi, réplique l'autre, c'est que tu manques à tes engagements, à tes promesses, à moi-même et de surcroît... à la société » : le dominant aime étayer ses reproches sur son bon droit et fait souvent référence à sa légitimité.

Quand les masques tombent

Alors qui domine le plus fréquemment dans les couples ? L'homme ? La femme ? Jusqu'à une époque récente, le couple dominant-dominé correspondait à une répartition idéologique du masculin et du féminin. Y compris dans les représentations qui montraient et moquaient l'homme en apparence dominant, en réalité dominé par une épouse rusée, agissant en coulisses, mais qui, au fond, « portait la culotte ». Les choses sont de fait beaucoup plus compliquées et il est difficile d'attribuer à tel ou tel sexe le caractère de dominant ou de dominé. D'autant que le masculin et le féminin en tant que composantes psychiques sont présents chez l'homme comme chez la femme et ne coïncident pas avec le « sexe » biologique ni avec le genre, qui est une construction sociale.

Dans les consultations conjugales, lorsque les gens se présentent en couple, ce sont souvent les dominants, ceux qui sont décidés à « prendre les choses en main », qui sont à l'initiative du rendez-vous. Il faut alors prendre garde à ce que la thérapie ne serve pas de levier supplémentaire pour assujettir davantage le partenaire. Si la demande de l'un consiste à vouloir à tout prix prouver à l'autre qu'il a tort et que, pour que le couple se maintienne – ce qu'il souhaite évidemment –, il faut que le partenaire obéisse davantage, celui-ci risque de fuir la thérapie et parfois aussi le couple, soit en quittant son conjoint, soit en s'évadant encore plus dans le travail ou dans une liaison.

En revanche, le partenaire – homme ou femme – qui se sent étouffé, dominé par l'autre, viendra plutôt consulter seul et dans une perspective d'aide à la séparation. Dans ce cas de figure, on retrouve toutes les variantes de l'emprise qui vont jusqu'à l'extrême des violences conjugales. De la part de ceux qui consultent seuls, c'est une première tentative d'autonomie. Ils pourront y parvenir, mais il faudra du temps.

Hormis ces situations de violence, le couple peut évoluer si chaque partenaire cherche à comprendre ce qu'il y a derrière cette dépendance mutuelle qui les attache douloureusement l'un à l'autre. C'est sans doute plus facile pour le dominé qui, n'ayant pas « le beau rôle », peut avoir envie de chercher les raisons qui l'ont amené à abdiquer sa liberté au profit d'un autre. Il pourra ainsi, dans le cadre relativement sécurisant d'une thérapie conjugale, surmonter son angoisse de séparation. C'est plus difficile pour le dominant, dont la force apparente masque une fragilité extrême. Affirmant haut et fort sa légitimité, son bon droit (il n'a rien à se reprocher, il est fidèle, s'occupe de tout, gère tout parfaitement), il n'accepte pas aisément de se remettre en cause. C'est pourtant seulement de cette manière que le couple pourra à la fois durer et se reconstruire autrement. En prenant garde à ce que chacun trouve, dans la place qu'il occupe, le sentiment de sa valeur et de celle que son conjoint lui reconnaît.

Petit théâtre de la consultation conjugale

Scène 5 – Mon mari est trop gentil

Henri : On vient vous voir parce que ma femme veut me quitter.

Jeanne : C'est vrai.

Henri : Pourtant, elle n'a absolument rien à me reprocher !

Jeanne : C'est vrai aussi.

Henri : Mais c'est injuste ! J'ai toujours fait tout ce qu'elle voulait.

Jeanne : C'est bien ça le problème ! Au lieu de dire ce dont il a envie, lui, il essaie d'imaginer ce que je veux, moi ! Et ça, je ne le supporte plus.

Henri : Le pire, c'est que quand par hasard j'ai la même envie qu'elle, elle ne me croit pas.

Jeanne : Non, je pense qu'il dit ça pour me faire plaisir.

La conseillère conjugale : Et ça vous déplaît beaucoup !

Jeanne : Exactement. Un homme qui m'obéit tout le temps, moi, j'ai pas confiance ! Comment je peux être sûre qu'il m'aime ?

La conseillère conjugale : Peut-être en n'exigeant pas de lui qu'il vous résiste sans arrêt ?

Se parler

Un couple sur deux s'en plaint, quel que soit son âge : « On ne se parle plus ! On n'arrive plus à communiquer ! » L'un se replie sur son journal, son ordinateur ou ses jeux vidéo. L'autre passe des heures au téléphone avec ses sœurs, sa mère ou ses filles. De quoi est fait ce mur qui commence à s'installer ? Que se cache-t-il derrière qui fait peur ou, au contraire, que l'on n'ose plus espérer ? Comment le faire tomber ? Et que mettre en place ensemble dans cet espace libéré ?

L'histoire de Dominique et Gérard

Dès le début, tout les opposait : Dominique avait des allures de garçon manqué, Gérard une sensibilité exacerbée. Il aimait les longues marches solitaires, elle ne se plaisait qu'aux discussions passionnées. Il adorait la poésie, elle ne lisait que des policiers.

Un mur s'est dressé *Dominique vient d'une famille où il fallait crier pour se faire entendre. Son père, c'était son dieu et elle faisait tout pour s'en faire remarquer. Y compris, puisqu'il ne voulait pas de fille, ressembler à un garçon et envisager une carrière d'ingénieur. Gérard, lui, se souvient d'une enfance silencieuse. Aucun dialogue avec son père, guère plus avec sa mère. Écrasé par un aîné que tout le monde admirait, Gérard avait dû faire ses preuves : tandis que son frère était parti s'installer à l'étranger, il avait dû, lui le littéraire, reprendre l'affaire familiale alors que rien ne l'y prédisposait. « Vous voyez, commentent-ils, on ne se ressemblait guère et pourtant ! » Pourtant, trois enfants sont nés, ont grandi et l'histoire commune s'est tissée pendant trente ans sans trop d'accrocs. Est-ce avec leur départ que les choses ont commencé à se rigidifier ? Toujours est-il qu'aujourd'hui, à cinquante ans, Dominique et Gérard se retrouvent seuls l'un en face de l'autre avec l'impression qu'entre eux s'est dressé un mur qu'ils auraient construit sans le savoir.*

Chacun de son côté *« Si on n'arrive plus à se parler, dit Dominique, c'est de la faute de de Gérard ! » Il avait déjà certaines tendances au repli, mais les choses n'ont fait qu'empirer. Avec l'approche de la retraite, le travail semble avoir pris encore plus d'importance dans sa vie. Il part tôt le matin, rentre tard le soir, s'affale dans un fauteuil et s'endort à moitié. Elle peut attendre longtemps un geste tendre, un mot gentil, sans même parler de sexualité ! Là non plus, pas de dialogue possible. Le soir, chacun prend un bouquin et se tourne de son côté ! « Si c'est ça, vieillir ensemble, dit Dominique, non merci ! Je me passerai de lui ! Je suis désolée, mais à cinquante ans, je ne veux pas que ma vie soit terminée. »*

Gérard, de son côté, reconnaît qu'il a toujours eu du mal à s'extérioriser. Aller vers les autres, Dominique sait le faire, lui pas. Il aimerait bien se rapprocher d'elle, mais comment y arriver ? Il faudrait qu'elle lui en laisse le temps, au lieu de le harceler. Déjà qu'il n'a pas la parole facile ! Si on le somme en plus d'être performant, y compris au lit, franchement, c'est le meilleur moyen pour le faire se recroqueviller !

Se retrouver *C'est le côté viril de Dominique qui a attiré Gérard, et la part de féminité de Gérard qui a séduit Dominique. Ce qui plaisait surtout à Gérard quand il a connu Dominique, c'était la gaîté de la jeune fille, son côté sociable. Dans sa famille à lui, on parlait peu, on n'invitait personne. Chez Dominique, c'était tout le contraire. Alors, comme elle « savait faire », les rôles dans le couple se sont spécialisés. À Dominique, qui avait finalement choisi de ne pas exercer son métier, celui de faire tourner la maison, d'éduquer les enfants et d'entretenir les contacts sociaux ; à Gérard celui du père de famille, travailleur, bienveillant, un peu distant. Quand les enfants sont partis, Dominique a essayé de reporter son trop-plein d'énergie sur Gérard ; il en avait perdu l'habitude et il s'est senti agressé.*

Au fond, Gérard s'est très vite perçu comme inférieur à l'image idéalisée que Dominique avait de son père. Par peur de la décevoir, il a oublié que Dominique l'avait choisi justement parce qu'il ne ressemblait pas à cet homme, qu'elle-même croyait décevoir sans arrêt. Il a oublié que Dominique avait d'abord besoin d'un mari qui prenne soin d'elle, qui la trouve jolie, qui la regarde comme une femme, qui continue de la désirer. Elle n'a pas su, pas osé, le lui rappeler.

Ni trop ni pas assez *Gérard a toujours l'impression qu'on lui demande l'impossible et Dominique qu'elle ne mérite pas qu'on lui donne quoi que ce soit. Le départ des enfants ravive le malentendu, mais révèle aussi, par la souffrance qu'il leur cause, l'attachement qu'ils ont l'un pour l'autre. C'est Gérard qui réussira à le formuler en disant à Dominique que, durant tout ce temps, c'est elle qui lui a donné « envie de la vie ». Qu'il ait, lui, l'introverti, accepté de venir parler de son couple devant un tiers a déjà constitué pour Dominique une surprise heureuse, mais qu'il puisse s'exprimer ainsi la bouleverse.*

De son côté, Gérard comprend peu à peu que c'est bien de lui dont sa femme a besoin et non d'un autre qui, à sa place, saurait mieux s'y prendre pour la satisfaire.

Alors, si Gérard, comme il commence à le faire, rentre le soir avec un bouquet de fleurs, Dominique saura désormais ne pas se moquer pour cacher son émotion. Peu importe s'ils y mettent encore, chacun à sa manière, un peu de raideur maladroite, ils sont comme deux convalescents qui doivent réapprendre le langage d'un quotidien à deux. Ils se parlent déjà beaucoup pour des gens qui n'avaient plus rien à se dire !

Entre le trop qui accablait Gérard et le pas assez dont se plaignait Dominique, il y a désormais de la place pour du plaisir partagé.

Et nous ?

Gérard et Dominique ont mis des années à s'apercevoir qu'ils avaient cessé de se parler et qu'ils en souffraient, mais cette difficulté peut survenir très tôt dans un couple. Tout y contribue. La vie professionnelle de chacun comme les contraintes du quotidien. Il y a tellement de problèmes d'intendance, de soucis logistiques, de sujets considérés comme prioritaires à aborder et de questions prétendument urgentes à régler, que parler à son partenaire de tout ce qui fait l'intimité du couple passe souvent en dernier.

Quand le silence s'installe

Comment faire quand l'un rentre du bureau à vingt et une heures, épuisé, et n'a qu'une envie, s'écrouler devant la télé, et que l'autre, après sa propre journée de travail, a dû faire les courses, ranger la maison et préparer le dîner ?

Le dialogue amoureux qui, il n'y a pas si longtemps, nourrissait la relation, la rendait vivante, lui donnait du sens, semble avoir été oublié. On ne sait plus comment se faire entendre de l'autre. On ne sait plus l'écouter.

L'un des malentendus de la communication consiste à croire que l'autre « doit » savoir, sans qu'on le lui exprime, ce à quoi l'on aspire, ce dont on a besoin. Il doit le savoir parce que ce serait ça aimer : se comprendre à demi-mot, ne pas avoir besoin de quémander. Ou encore, parce que l'on pense qu'au bout de tant d'années, notre partenaire devrait avoir réussi tout seul à le repérer. On se tait donc et on attend. Qu'il ou elle se souvienne de la date de notre anniversaire, de la couleur que l'on préfère, du parfum que l'on adore mais que l'on n'ose jamais s'acheter. Et bien sûr, ça ne marche pas. Et ça marche d'autant moins que ce que l'on n'a pas demandé avant, on en informe l'autre après. Quand c'est trop tard. Que l'on n'en a plus envie du tout, non merci, franchement, il aurait fallu y penser avant.

Lorsqu'il se systématise, ce type de jeu communicationnel peut devenir très toxique. Ne pas demander ce que l'on souhaite est quand même le plus sûr moyen de ne pas l'obtenir. À moins que les enjeux se déplacent ! Le partenaire qui attend sans rien dire en vient à rechercher non la satisfaction de son désir premier, mais celle d'avoir eu raison. Raison dans sa certitude que l'autre le décevra. Il fait penser à Alceste, le Misanthrope, qui, assuré que tous les hommes sont mauvais, voudrait, « pour la beauté du fait » et de sa démonstration, avoir perdu le procès injuste qui lui est fait. Quant au conjoint, pas bien fier de lui, peut-être, la première fois, il n'apprécie pas vraiment à la longue le fait d'être mis en permanence en position de coupable potentiel. Il n'est pas non plus incité à en sortir, parce qu'il finit par sentir confusément que c'est désormais ça que l'on attend de lui : qu'il soit définitivement décevant, incapable, insuffisant.

Or, il suffit de peu de chose pour désamorcer ce jeu où tout le monde est perdant, pour faire tourner le cercle à l'envers. Celui qui a tant de mal à demander doit sans doute s'interroger sur les raisons profondes qui l'en empêchent, et notamment sur son besoin de fusionner avec l'autre, de ne faire qu'un avec lui. Mais il peut en même temps s'essayer à formuler des demandes et à les formuler autrement. On le sait, il est préférable de dire : « Ça me ferait tellement plaisir que tu... » plutôt que : « Tu as encore oublié de... » Mais, au-delà des évidences, il y a mille manières originales et drôles de solliciter l'autre. Mieux vaut être dans la séduction que dans la récrimination.

Quant au conjoint, il avait jusque-là le sentiment d'être un enfant désobéissant, incapable de se conformer à ce que l'on attendait de lui sans le lui dire. Nul doute qu'il sera soulagé de pouvoir enfin non pas obéir à son partenaire, mais le rendre heureux, le satisfaire. Et il est même possible qu'en plus de ce qui lui est demandé, il ajoute, de son propre chef, un geste : une invitation à dîner, des fleurs. Faire plaisir à l'autre, et le surprendre un peu de surcroît, ne peut que lui donner envie de recommencer.

Le poison des malentendus

Un autre malentendu réside dans... les malentendus justement. La crainte de ne pas savoir s'exprimer ou d'être mal compris, la peur des interprétations abusives et des arrière-pensées. Comment parler sans blesser l'autre ? Comment être sûr d'être entendu sans que l'autre perçoive dans ce que l'on dit des desseins cachés, des reproches masqués ou des attaques délibérées ? On peut se parler et même beaucoup se parler sans plus du tout se comprendre.

C'est comme si une sorte de surdité mutuelle s'installait ou, plus exactement, une distorsion de la communication. Comme si on ne parlait plus tout à fait l'un et l'autre la même langue. Faute d'un traducteur à demeure, on finit par renoncer. Le silence devient une manière d'avoir la paix. Ne pas entamer le dialogue, ne pas répondre, éluder, ne plus du tout se parler plutôt que de se voir entraîné dans des discussions sans fin, une escalade dont on sortira exténué.

Pour ce genre de blocage qui naît d'une peur réciproque de ne pas être compris et qui, bien sûr, finit par l'anticiper, voire la créer, il existe un exercice fréquemment pratiqué chez les psychothérapeutes américains qui s'appelle « le miroir ». Il s'agit de reformuler exactement ce que vient d'exprimer son partenaire, sans y voir de reproches, sans se mettre en position défensive. Ainsi, Dominique dirait à Gérard : « Ça m'ennuie que tu rentres si tard, je me sens un peu seule en ce moment, tu sais. » Et Gérard, au lieu de répliquer qu'il fait ce qu'il peut, qu'elle se plaint toujours, ou encore, au lieu de se retirer dans un mutisme désolé, reprendrait : « Si j'ai bien compris, en ce moment, tu aurais besoin que je sois un peu plus souvent présent auprès de toi. » Le seul fait d'avoir été correctement entendu dans ce que l'on dit désamorce l'engrenage. Le seul fait que Gérard ait montré à Dominique qu'il la comprenait la ferait se sentir moins seule. Et la satisfaction qu'il en retirerait l'encouragerait lui aussi à changer. Bien entendu, il ne s'agit pas de faire cet exercice tous les jours, mais il peut servir de métaphore utile à garder en tête pour ne pas laisser le dialogue s'envenimer ou s'éteindre.

Une communication réussie doit donc avant tout tenir compte du partenaire dans son altérité, dans ce qui fonde sa différence. On peut éventuellement ne pas parler la même langue et cependant bien dialoguer si l'on accepte de penser que chaque langage à sa valeur propre. Et quand un partenaire utilise de préférence celui des cadeaux, tandis que l'autre ne comprend bien que celui des caresses, un petit apprentissage linguistique peut être très profitable à chacun.

« Il faut qu'on parle ! »

Le dialogue est ce qui maintient le couple vivant, nourrit le présent et projette l'avenir. Il y a cependant quelques écueils à éviter. Attention par exemple à l'injonction : « Il faut qu'on parle ! » Le partenaire à qui elle s'adresse risque de la prendre à la fois pour un ordre et pour un reproche. « Il faut qu'on parle » équivaut souvent, au moins pour celui qui l'entend, à : « Il faut qu'on parle de ce qui ne va pas et ce qui ne va pas, bien sûr, c'est à cause de toi. » Pour certains, « parler » peut signifier aussi remettre en cause ce qui n'a, à leurs yeux, pas lieu de l'être. Pourquoi, pensent-ils, faudrait-il se mettre à tout décortiquer, tout analyser, tout bouleverser, pour modifier une relation qui ne va pas si mal que ça, au risque même de la voir empirer ? Ou encore : pourquoi faudrait-il remuer ce qui se cache tout au fond au lieu de l'y laisser ? On préfère souvent ne pas voir ou ne pas entendre ce que l'on redoute d'envisager.

Alors, si ce dont on a « à parler » ne menace pas sérieusement la relation, l'essentiel est d'attendre le moment propice, et surtout d'éviter le registre de l'autorité culpabilisatrice ou moralisatrice. Si, en revanche, la discussion qu'il « faut » avoir porte sur des sujets graves, et notamment sur un avenir commun dont l'un des deux partenaires se met à douter, les choses sont un peu plus compliquées. Là, l'important est de faire comprendre à l'autre que lui faire part de ses doutes, sans attendre qu'ils s'enkystent, n'est pas un signe de défiance, mais au contraire de confiance en lui et dans le couple. Ce qui ne va pas, on ne veut ni le garder pour soi, ni en attribuer la responsabilité à son partenaire. Mais y réfléchir ensemble pour trouver les moyens de le surmonter.

Les écueils de la transparence

Second écueil : la totale transparence. De tous les « contrats » passés dans l'euphorie du début de la relation, c'est peut-être le plus dangereux. D'abord parce qu'il ne reconnaît pas l'autre dans son altérité. Ensuite parce qu'implicitement il suppose que l'on aurait des choses graves à cacher. Ce n'est pas la peine de raconter dans les détails, le soir en rentrant, qu'un ou une collègue de bureau nous a fait des avances et que cela nous a, une seconde, amusés. Il peut même y avoir une sorte de perversion à inquiéter ou à faire souffrir l'autre en semant sans raison le doute dans son esprit. De même, dire à son conjoint que l'on est attiré par quelqu'un d'autre relève souvent plus d'une forme de lâcheté que d'un désir louable de transparence. On se confie à l'autre que l'on croit plus fort, plus solide, pour qu'il nous aide à surmonter la tentation. Il y a dans cette démarche quelque chose d'un peu infantile qui doit nous amener à nous interroger sur la nature de la relation.

Quant à l'infidélité passagère, celui qui la commet l'oublie en général très vite. Mais si son partenaire est mis au courant, il risque, lui, de s'y accrocher douloureusement pendant des années. En revanche, si l'infidélité dure, révélant de ce fait un vrai dysfonctionnement du couple, mieux vaut en parler, même si c'est difficile, pour essayer de comprendre ensemble ce qui s'est passé et voir s'il est possible de s'en dégager. Mais ce qu'il faut surtout éviter, c'est d'en dire trop, de donner trop de détails, surtout sexuels. Même si l'autre les demande. C'est un poison qui fixe les images et dont il sera extrêmement difficile de se désintoxiquer.

Le trésor des petits riens

Il faut se dire enfin que le dialogue conjugal n'est pas fait que de grandes interactions profondes sur l'état de la relation. Il se nourrit aussi des mille petites conversations quotidiennes : ce qu'on a fait, ce qu'on a vu, ce qu'on a lu, ce qu'on pense sur tel ou tel sujet, tous ces petits apports de la vie ordinaire de chacun qui contribuent à enrichir le monde commun.

Petit théâtre de la consultation conjugale

Scène 6 – On a du mal à se parler

Maria : On vient vous voir parce qu'on n'arrive plus à communiquer.

Pierre : ...

Maria : Il faut dire que mon mari n'est jamais là.

Pierre : ...

Maria : Le matin, il part avant que je sois réveillée.

Pierre : ...

Maria : Il reste au bureau jusqu'à des heures insensées.

Pierre : ...

Maria : Il ne rentre jamais déjeuner.

Pierre : ...

Maria : Après le dîner, il sort avec ses copains.

Pierre : ...

Maria : Tous les week-ends, il est parti.

Pierre : ...

Maria : Et les rares fois où il est à la maison, il ne décolle pas de la télé.

Pierre : ...

Maria : Bref, je ne le vois jamais, alors pour ce qui est de se parler…

Pierre : …

La conseillère conjugale : En somme, on pourrait dire que si vous venez me voir, c'est pour vous voir. Reste à trouver la langue dans laquelle vous pourrez vous parler.

Traverser le quotidien

S'habituer l'un à l'autre

Petites causes, grandes conséquences ! Il suffit d'évoquer l'affaire du tube de dentifrice que l'autre ne rebouche jamais pour que la plupart des couples se lancent dans le déroulé interminable des manies de l'autre qu'ils ne parviennent plus à supporter. Comment se fait-il que des détails aussi infimes aient pu prendre une telle ampleur ? Qu'y a-t-il derrière ces habitudes, dont on avait jadis à peine conscience et que l'on a tant de mal aujourd'hui à corriger ou à dédramatiser ?

L'histoire de Max et Éric

Max et Éric sont en couple depuis déjà plusieurs années et, il y a un an, ils ont décidé de louer ensemble un appartement. Non sans avoir longuement hésité. Même s'ils se voyaient tous les jours, sortaient ensemble presque tous les soirs, dormaient ensemble toutes les nuits, avoir chacun un espace privé leur avait paru pendant longtemps indispensable à leur liberté. Sans parler de certaines habitudes de Max qu'Éric avait du mal à supporter. Et inversement.

Bohème et costumes croisés *Ces habitudes, elles prenaient leurs racines dans le passé de chacun. Les parents de Max étaient ouvriers, émigrés italiens de deuxième génération. Son enfance avait été heureuse, mais sans fioritures ni gadgets. Son père était un homme d'ordre, sa mère une femme d'intérieur. Il avait grandi à l'étroit, dans un univers pauvre mais bien rangé. Alors, même s'il restait très attaché à ses parents, il avait tout fait pour mettre un peu plus de fantaisie dans sa vie. Il la gagnait en donnant des cours de guitare, ce qui lui laissait du temps pour voyager. Il se sentait à l'aise dans un certain fouillis, chinait ses meubles aux puces et s'habillait décontracté. Éric, au contraire, avait du mal à quitter son air sérieux et ses costumes Hugo Boss. Venant d'une famille plutôt aisée, il avait créé une start-up qui marchait bien. Le côté bohème de Max lui faisait un peu peur mais l'attirait aussi, tout comme sa maturité, son expérience, son originalité. Son rapport à l'homosexualité également. Alors que Max l'avait assumée très jeune, Éric en était encore à la cacher. Sa mère l'avait peut-être devinée mais elle n'en parlait jamais. Quant à son père, il était pour l'instant hors de question qu'il l'apprenne. Max le soutenait dans les efforts qu'il faisait pour s'affirmer.*

Ordre et désordre *Au début de leur vie commune, leurs désaccords portaient sur des broutilles, des détails insignifiants. Ils en riaient même. Le désordre pas très bien organisé de Max et son indifférence aux choses du ménage faisaient un joli contraste avec le besoin d'ordre d'Éric, sa manie du rangement. Si un objet n'était plus à sa place, pas grave, Éric l'y remettait. Max, de son côté, faisait des efforts louables. Il avait trié ses affaires, jeté toutes sortes de choses, de souvenirs qui l'encombraient et dont il ne voulait plus dans sa nouvelle vie. C'était sa manière à lui de montrer à Éric la place qu'il voulait lui faire. D'ailleurs, il y trouvait son compte ; le côté un peu maniaque d'Éric contrecarrait ses tendances à l'entropie. Seul, il avait peur de se laisser aller, de se faire déborder. Éric le cadrait à sa manière et ça le rassurait. Et puis, avec le temps, les remarques d'Éric s'étaient faites plus fréquentes, plus dures, plus injustes. Il avait cessé de voir les efforts de Max et, du coup, Max avait eu moins envie d'en faire. Il lui était même arrivé de laisser traîner des choses exprès. Après tout, qu'un tee-shirt sèche sur le rebord de la baignoire n'avait quand même rien de bien extraordinaire !*

Le besoin d'ordre d'Éric se manifestait avec plus de force quand, pour une raison ou pour une autre, il était tendu, inquiet. Max l'avait remarqué et Éric n'en disconvenait pas : dans ces moments-là, il pouvait effectivement mettre des heures à tout passer en revue. Mais c'était surtout quand ils invitaient des gens que l'obsession devenait vraiment envahissante. Là, il fallait absolument que l'appartement soit nickel, propre, rangé, sans rien qui dépasse, y compris dans la chambre à coucher, où il y avait fort peu de chance que les invités se rendent.

Qu'y avait-il donc qu'il ne fallait pas laisser voir aux gens qui venaient chez eux ?

Ce qu'on montre et ce qu'on cache *Max a du mal à en parler parce que le sujet le blesse et qu'il a peur, en s'en plaignant, d'aggraver les choses ; mais le fond du problème, selon lui, c'est qu'Éric a honte. Honte de vivre avec un homme, honte d'en avoir honte, au point de mettre en place toute une série de ruses et de mensonges pour éluder la question. Ainsi, lorsque ses parents sont venus voir Éric dans le nouvel appartement, Max était là bien sûr, mais Éric a prétendu que c'était un ami à qui il sous-louait une pièce comme bureau pour travailler. Et la veille, il avait traqué les moindres traces qui auraient pu faire soupçonner la vérité.*

Alors, plutôt que d'accuser la routine qui exacerbe les défauts, plutôt que d'invoquer le désordre de l'un et la maniaquerie de l'autre, c'est sur ce point que les deux hommes devront travailler. Les raisons profondes qui font qu'Éric persiste dans l'idée que sa sexualité est quelque chose de dérangeant que l'on doit laisser voir le moins possible. Et les motifs tout aussi profonds qui amènent Max soit à se soumettre, soit à tenter de s'affirmer par des gestes de révolte dérisoires, alors qu'il se pensait délivré de l'étroitesse de son passé.

Et nous ?

Au début d'une relation amoureuse, on ne voit pas les travers de l'autre, tous ces petits gestes que, plus tard, on percevra peut-être comme des manies désagréables. Et on les voit d'autant moins que, pendant cette phase de la relation, chacun s'efforce de donner l'image la plus séduisante possible de lui-même. La moins égoïste aussi. On s'oublie soi-même pour essayer de coller au plus près de ce que l'on imagine être le désir de celui que l'on aime. À ce stade, le partenaire est perçu comme une totalité bienfaisante, quasiment irréductible à l'analyse. Les autres peuvent bien se demander ce qu'il ou elle lui trouve, l'amoureux, lui, sait... qu'il le sait, même s'il ne peut pas l'expliquer !

Des habitudes charmantes

D'un autre côté, même quand on commence à remarquer les habitudes de l'autre, ses petites manies, elles ne nous paraissent pas forcément négatives. Au contraire, il peut y avoir quelque chose d'attendrissant, voire de rassurant, à si bien connaître celles de son partenaire et à ce qu'il connaisse si bien les vôtres en retour. Il peut y avoir de la douceur à presser tous les matins le jus d'orange de sa compagne « Sans pépins, mon amour ! Sans pépins ! » ou à regarder son conjoint plier ses chemises selon un système un peu extravagant mais si rigolo. Le quotidien, fait des habitudes de chacun et de ce qui devient, par échanges mutuels, des habitudes communes, forme alors une sorte d'enveloppe protectrice qui donne son identité, sa figure particulière au couple.

Des manies agaçantes

C'est avec le temps que les manies de chacun deviennent parfois pesantes. Ce qui avait pu sembler charmant chez le partenaire apparaît à la longue particulièrement agaçant et certains traits qui nous avaient séduits nous exaspèrent à présent. Tel qui trouvait adorable de voir sa femme tremper sa tartine beurrée dans son café au lait, un jour peut ne plus le supporter. Et encore moins quand elle lui fait remarquer qu'elle ne vient pas, elle, d'une famille de notables ruinés et que s'il voulait une femme coincée comme sa mère, il n'avait qu'à pas se marier avec une fille d'ouvriers ! Le temps dévoile ce que l'on ne voulait pas remarquer. Il en avait été ainsi pour Max et Éric. C'était la rigueur d'Éric qui avait attiré Max. C'était la nonchalance de son amoureux qui avait séduit Éric. Et puis, peu à peu, comme dans un mauvais rêve, les signes s'étaient inversés.
Sans trop comprendre ce qui se passe, les partenaires s'installent alors dans un partage des rôles que rien ne semble devoir ébranler : « Si je suis tellement désordonné, dit l'un, c'est pour échapper un peu à ta manie du rangement ! Si je suis tellement obnubilé par l'ordre, réplique l'autre, c'est à cause de tes habitudes invétérées de désordre ! »

Qui fait quoi ?

Aux conflits sur les manies, on peut bien souvent rattacher ceux qu'engendre la répartition des tâches ménagères. Et cela, sans même parler des situations fortement inégalitaires qui ne donnent lieu à aucune remise en cause parce que le système est complètement bloqué et qu'il ne peut que perdurer ou exploser. Ainsi, les choses du ménage sont souvent l'occasion d'exprimer que les deux partenaires ne trouvent plus dans la relation la reconnaissance de ce qu'ils y apportent, ni la confirmation narcissique qu'ils en attendaient. Quand l'un des membres du couple rentre du travail et qu'il trouve l'autre devant sa console, avec les jouets des enfants éparpillés dans la maison et la vaisselle sale qui déborde de l'évier, il hésite entre hurler et pleurer. Mais quand ce même partenaire exaspérant prend des initiatives, passe l'aspirateur, range les vêtements des petits et remplit le lave-vaisselle, il arrive souvent que le premier, celui qui se plaint tout le temps, ne puisse pas s'empêcher de passer derrière pour tout recommencer.

Le diable se cache dans les détails

Comment faire pour en sortir ? D'abord, ne pas négliger les signes d'agacement quand ils commencent à se manifester. Ne pas se dire que ce n'est rien, que ça va passer, que l'autre finira bien par changer. Ne pas non plus reprocher à son partenaire de faire bien des histoires pour rien. Le diable en effet se cache dans les détails et installe des minibombes là où on ne les attend pas. Alors que l'on prend bien soin d'éviter les sujets qui fâchent, que l'on use de mille précautions lorsqu'il s'agit de politique ou de religion, les tensions explosent dans la cuisine, la salle de bains, la voiture, à l'occasion des innombrables frottements de la vie quotidienne. C'est là que naissent les scènes de « ménage » justement. Là que les conflits émergent, s'expriment, deviennent parfois d'une violence extrême, parce que dans ces situations, on ne fait pas attention, on se surveille moins et, que, de ce fait, l'inconscient se montre souvent à ciel ouvert.

On l'a vu avec Éric et Max ; la fixation du conflit sur les manies de chacun masquait bien autre chose. La peur d'Éric de se voir dévoilé, le désir de Max d'être respecté et accepté devant tous, pour ce qu'il est. Deux manières d'exprimer au fond la même souffrance. Et, de fait, à travers ces conflits du quotidien, il arrive souvent que les deux partenaires expriment une problématique commune sur des versants opposés. Ainsi, chez beaucoup de couples, les agacements autour de l'ordre et du désordre révèlent le même besoin d'affirmer face à l'autre son autonomie, la même crainte qu'elle soit menacée. Chez celui qui lutte contre le désordre, on retrouve souvent la peur d'être envahi comme on l'avait été enfant par un parent intrusif, et chez le partenaire désordonné, le refus de céder aux exigences de l'autre, comme jadis on avait tenté de résister à l'autorité contrôleuse d'un parent.

Voir l'autre pour ce qu'il est vraiment

Il convient donc de s'interroger et, si possible, ensemble. Sur soi-même d'abord : pourquoi cette habitude est-elle si fortement ancrée en moi ? D'où me vient-elle ? Pourquoi ne puis-je m'en défaire ? Pourquoi, alors que cela me serait relativement aisé, ne puis-je pas prendre en compte la demande de l'autre, reboucher le dentifrice, ranger mes chaussettes ? De quoi ai-je peur si je « cède » ? D'un autre côté, pourquoi ce que fait mon partenaire suscite-t-il en moi tant d'irritation ? Et quelle est la nature de cette irritation ? Y a-t-il quelque chose d'autre que je n'arrive pas à lui dire et que cette irritation traduit ? L'enjeu, c'est de sortir de la circularité des accusations, de la logique de guerre où chacun pense que l'autre est la cause évidente de tous les problèmes et qu'il doit changer.

Ce travail d'élaboration commune permettra d'abord de sortir du système des projections croisées. Le partenaire n'est pas ce parent intrusif ou autoritaire dont l'emprise continue à nous effrayer. Si on lui explique mieux les origines de la souffrance que son comportement provoque chez nous, s'il voit que ce n'est pas vraiment lui qui est en cause mais une représentation du passé, il se sentira moins attaqué, lui, personnellement, dans ce qu'il est. Dès lors, les concessions seront plus faciles dans la mesure où elles prendront leur source, non dans la crainte d'être menacé dans son identité, mais dans un souci réciproque d'attention à ce qui peut blesser. Ce sera aussi l'occasion d'arriver à exprimer ce que l'on ressentait soi-même confusément et que l'on ne parvenait pas à dire à l'autre autrement que négativement, par ces accrochages permanents. Que l'on tient à lui, que l'on ne veut pas s'endormir dans la routine, que l'on veut qu'il y ait de la vie dans le couple, de l'émotion, du désir. La méthode était sans doute particulièrement maladroite, mais ce qu'elle signifie vaut la peine de s'y attarder.

Petit théâtre de la consultation conjugale

Scène 7 – Mon compagnon ne fait rien comme je voudrais

Anne : On vient vous voir parce que mon compagnon ne fait jamais rien comme je le voudrais.

Luc : Ce n'est pas très facile avec toi.

Anne : Attends, je n'exige pas l'impossible, juste que tu te bouges un peu dans la maison !

Luc : Mais rien de ce que je fais ne te plaît ! Tu fais toujours tout mieux que moi !

Anne : Ce n'est quand même pas de ma faute !

Luc : J'en étais sûr ! C'est de la mienne ! Alors tu vois, quitte à être coupable, je préfère ne rien faire du tout !

Anne : C'est bien simple, j'ai l'impression d'avoir un gosse de plus à la maison.

Luc : Et moi une contrôleuse de gestion.

La conseillère conjugale : En somme, vous voudriez, Luc, que votre compagne ait confiance en vous et cesse de vous considérer comme un enfant.

Luc : C'est exactement ça.

La conseillère conjugale : Et vous Anne, que votre compagnon vous soutienne, comme un adulte.

Anne : Absolument !

La conseillère conjugale : Et si on parlait de soutien et de confiance, plutôt que de soumission et de désobéissance ?

Se désirer encore

Rien de plus étrange que la sexualité humaine. Rien de plus complexe, de plus fragile aussi. Que s'est-il passé pour que ce désir qui semblait ne jamais pouvoir s'éteindre s'affaiblisse ? Pour qu'il disparaisse même parfois ? La tendresse est là, l'affection est là, l'amour aussi, et même le désir du désir. Mais ça ne marche plus. Ou si peu souvent. Et on ne comprend pas pourquoi. Au-delà du travail, de la fatigue, au-delà de la routine, est-il possible de relancer l'élan qui nous portait l'un vers l'autre ? De réinventer autrement le jeu amoureux ?

L'histoire de Soizic et Mathias

Soizic et Mathias en sont persuadés : ils ont tout pour réussir ! Ils s'aiment, ils vont se marier. Des deux côtés, les familles sont dans les starting-blocks, les listes sont établies, les faire-part choisis, le traiteur aussi, et voilà que survient un problème que ni l'un ni l'autre n'aurait pu imaginer : depuis que la date est fixée, Soizic n'arrive plus à faire l'amour avec son ami !

Un blocage inexplicable *À côté de son Mathias, grand, nonchalant, un peu dégingandé, Soizic paraît toute petite. Elle a des cheveux courts, un visage étroit, une silhouette menue, mais, tout comme Mathias, elle arrive souvent aux rendez-vous en bottes, combinaison de motard, avec son casque intégral sous le bras. Aucune frime là-dedans, mais une passion partagée, le sport, la moto, le ski, le bateau, tout ce qui glisse, va vite et leur donne des frissons. C'est là qu'ils se sont rencontrés, c'est ça qu'ils aiment le plus : se libérer du travail, partir ensemble à l'aventure, goûter à la liberté et, depuis deux ans qu'ils se connaissent, ils ne s'en sont pas privés. Pas plus que de faire l'amour. Du moins jusqu'à ce que survienne ce blocage que Soizic, au bord des larmes, énonce ainsi : « J'ai l'impression de ne plus avoir de désir pour lui ! »*

Réussir à tout prix *À part ce qu'il appelle son « extrémisme », ce caractère farouche qu'il aime mais qui lui complique la vie, Mathias ne voit rien qui lui déplaise chez Soizic. Il est même persuadé qu'avec un peu de patience ils arriveront à surmonter la difficulté qui les amène à consulter. La seule chose qui le trouble, c'est qu'il n'arrive pas toujours à lui communiquer cette confiance qu'il affiche dans leur avenir. De son côté, Soizic n'a rien à reprocher à Mathias en tant qu'amant : il est doux, patient, attentif à sa partenaire. Si elle n'y arrive pas, si elle se bloque, elle en est sûre, c'est de sa faute à elle. En revanche, ce qui l'énerve, c'est cette manière qu'a Mathias de toujours éviter les conflits, de jouer la montre, de céder s'il le faut, mais comme s'il s'agissait d'un jeu sans importance, pour finir souvent par rafler la mise. Alors qu'elle, Soizic, a l'impression de devoir se battre pour tout, tout le temps, y compris professionnellement, Mathias, lui, avec sa façon tranquille de faire les choses à la dernière minute, réussit, pense-t-elle, bien mieux, bien plus facilement, et elle a beaucoup de mal à le supporter. C'est l'un des nombreux malentendus qu'ils auront à élucider : il leur faudra du temps à tous les deux pour admettre que, des deux, ce n'est pas Mathias, sous ses dehors nonchalants, qui a le moins besoin d'être valorisé.*

La facilité apparente de Mathias cache une stratégie de longue date. Face à des parents qui voulaient lui imposer leurs choix comme leurs manières de penser, Mathias s'est bricolé une marge personnelle de liberté. Ne pas résister de front, fuir, temporiser et, s'il lui fallait absolument répondre à ce qu'on lui demandait, s'y résoudre le plus tard possible. Il a aimé en Soizic qu'elle l'admire sans contrainte. Il a aimé aussi l'idée qu'ils allaient pouvoir s'aider mutuellement à se construire sans avoir à choisir entre la fuite et l'affrontement.

De son côté, quand Soizic évoque son enfance, elle parle d'emblée de son frère, un peu plus âgé qu'elle et qui, contrairement à elle, a toujours fait ce qu'il voulait. Reléguée par sa mère dans un rôle de petite fille sage, Soizic rongeait sa colère. On l'habillait en princesse, elle rêvait de jeans et se sentait crapaud. À l'adolescence, elle a commencé à se lancer des défis impossibles. « Je me mettais toujours dans la performance, je n'arrivais pas au but que je me fixais et les rares fois où ça marchait, je ne parvenais pas à m'en sentir fière. » Elle somatisait, se couvrait d'eczéma. Elle a mis des années à se chercher, à conquérir son indépendance, sa liberté, et là, avec l'homme qu'elle aime, alors qu'elle a « tout pour réussir », elle se retrouve de nouveau – c'est elle qui le formule ainsi – « face à son échec ». Dans cette difficulté sexuelle qui l'exaspère, elle voit se reproduire un scénario qu'elle connaît par cœur et dont elle ne veut plus.

Reconnaître ses craintes pour s'en libérer *Soizic doit d'abord reconnaître la nature de sa peur : son blocage n'a rien à voir avec une difficulté purement sexuelle, si tant est qu'il en existe. D'ailleurs, elle le dit elle-même : « Les préliminaires, c'est super, c'est après que je me bloque. » S'engager avec Mathias non plus ne lui fait pas peur. Dans le mariage, elle voit le choix de deux adultes indépendants. Non, et elle finira par l'exprimer, ce qui l'inquiète, c'est ce qui viendra « après » et que symbolise la pénétration : l'intrusion dans son psychisme et dans son corps des enfants à venir, ces êtres qui dépendront d'elle, dont elle sera responsable, qui lui feront perdre sa liberté. Se sentir femme sans être soumise, elle pensait y être parvenue... Mais devenir mère lui fait peur ! Elle en a envie tout autant qu'elle le redoute. Elle craint de reproduire à l'identique ou à l'envers les schémas de sa propre enfance, peur surtout, une fois de plus, de ne pas y arriver, de ne pas être une bonne mère, ne pas être à la hauteur.*

Cette peur, Mathias l'aidera à la désamorcer en prenant pour une fois les devants, en anticipant sa place de père, en rêvant avec Soizic à ce que sera cet avenir à plusieurs. Une fois qu'elle sera rassurée, Soizic sera libre de lâcher ses angoisses d'échec en comprenant que pour réussir les choses, il faut parfois accepter de pouvoir les rater.

Et nous ?

Pour Soizic et Mathias, l'histoire s'est poursuivie avec la naissance d'aimables nourrissons. Soizic avait retrouvé le plaisir de faire l'amour avec Mathias et ne prenait plus sa peur pour du non-désir. C'était un très jeune couple qui avait su prendre les devants et consulter avant que les choses ne s'enkystent.

Doutes et culpabilité

Mais l'inquiétude concernant la sexualité survient le plus souvent après un certain nombre d'années de vie commune. L'un des deux partenaires, s'il éprouve toujours de vrais sentiments pour l'autre, ne sait plus prendre l'initiative des jeux amoureux et manifeste souvent moins d'envie, moins de plaisir quand ceux-ci ont lieu. Il s'en alarme, bien sûr, mais ne sait pas bien comment aborder le sujet sans blesser encore plus son partenaire. Se sentant coupable, il se résigne parfois à faire semblant ou accepte de passer pour celui qui « a un problème » aux yeux de son partenaire. Ce dernier, qu'il se résigne aussi ou se rebelle, se sent impuissant, narcissiquement blessé. Plus le temps passe et plus les choses sont difficiles. Faire l'amour devient une épreuve où chacun épie l'autre, si bien qu'à la longue, les deux préfèrent l'éviter. Tout geste de tendresse peut même finir par devenir suspect, pris dans un système infernal d'interprétations croisées. « Je ne peux pas juste la prendre dans mes bras, elle va penser que je cherche à la forcer », se dit l'un. « Je ne peux pas le laisser faire, même si j'en ai envie, sinon il va croire que je suis prête à aller plus loin », pense l'autre.

Dédramatiser la baisse de désir

Comment sortir de ce piège ? D'abord peut-être en se disant que cette baisse du désir, chez l'un ou chez l'autre – car cela alterne souvent – n'a rien que de très banal. Le tabou sur la sexualité des générations précédentes, on le sait, a été remplacé par une obligation de performance à laquelle personne ne peut satisfaire. Faire l'amour tous les jours, et même plusieurs fois par jour, pendant des années, avec des érections parfaites et des orgasmes à répétition, est une représentation folle dont le principal effet est aussi castrateur que la honte qui jadis entourait les « choses du sexe ». Dans les deux cas, celui, homme ou femme, qui y est confronté se retrouve écrasé : honte de désirer, honte de jouir, honte de ne pas y arriver. Amertume et frustration de tous les côtés. Avec cette différence quand même que l'obligation écrase le désir avec encore plus de force que l'interdit qui, lui, au moins, laisse la liberté et le plaisir de le transgresser.

Il convient donc surtout dans un premier temps de dédramatiser ces aléas du désir. Ne pas avoir d'orgasme ou d'érection à chaque fois n'a évidemment rien qui doive, en soi, inquiéter. On peut avoir du plaisir et en donner sans orgasme. Ne pas avoir envie de faire l'amour pendant un certain temps n'est pas préoccupant non plus. Il y a toutes sortes de circonstances dans la vie d'un couple qui peuvent l'expliquer : des passages difficiles sur le plan professionnel, l'arrivée d'un enfant, le décès d'un parent, autant d'événements heureux ou malheureux qui nous atteignent physiquement et psychiquement, nous obligent à nous repositionner et impactent notre sexualité.

Réinventer sa sensualité

L'essentiel dans ces cas-là est de ne pas mettre en place un système de blocage qui finit, après, par s'auto-alimenter. Plus on s'inquiète de ne pas pouvoir faire l'amour comme on le voudrait et moins on y arrive. Anticiper l'échec, surtout dans ce domaine, est le plus sûr moyen de s'y trouver confronté. Mieux vaut dans ce cas amorcer, ensemble, un pas de côté. En parler, reconnaître que ce n'est facile ni pour l'un, ni pour l'autre, mais ne pas en faire le sujet obligé des conversations d'après-dîner. Imaginer, ensemble, toutes sortes de ruses pour le contourner.

Ne pas faire l'amour, ce n'est pas renoncer à toute forme de sensualité. On peut redonner une place plus grande à ce qu'il est convenu d'appeler « les préliminaires », dont on connaît par ailleurs l'importance pour les femmes, afin que la montée du plaisir puisse s'accorder. On peut piocher dans la liste inépuisable des outils généralement proposés pour érotiser la relation : du massage aux sex-toys en passant par les bougies parfumées, les week-ends en amoureux, les restaurants en tête à tête, les films suggestifs et la lingerie coquine. Mais c'est à chaque couple d'écrire et de se raconter, dans ce domaine aussi, sa propre histoire, d'inventer, et surtout de réinventer, au fil des années, son rythme et sa manière de se donner du plaisir.

Il s'agit au fond de trouver l'équilibre entre la sécurité rassurante qu'apporte la vie ensemble et le risque qu'implique toute relation et qui sous-tend le désir. Ne pas mettre en péril les aspects heureux du quotidien, mais ne pas s'y laisser endormir.

Faire confiance à l'autre

Autre facteur, plus intérieur cette fois, qui peut impacter de manière ponctuelle la sexualité du couple : les représentations que nous avons de nous-mêmes, pour peu qu'elles aient, pour une raison ou pour une autre, changé. Se trouver à un moment trop gros, trop maigre, plus assez performant ou incapable de faire face à ses responsabilités peut avoir des conséquences sur la manière dont on s'imagine que l'autre nous voit. Comme on est atteint dans son estime propre, dans l'image que l'on se fait de soi-même, on ne comprend pas que le partenaire nous désire encore. Rien de ce qu'il dit ou fait ne peut nous rassurer. Au contraire. Tout se passe comme si on cherchait à le convaincre qu'il faut être pervers, aveugle, ou menteur pour avoir envie de faire l'amour avec nous. On finit par en vouloir à l'autre de ce que l'on s'est mis à détester en soi-même, on le lui fait payer et on achève ainsi de le déstabiliser. Là encore, sans revenir de manière obsessionnelle sur le sujet, il faut essayer d'avoir ensemble un dialogue qui puisse désintriquer ce qui bloque. Et si on n'y arrive pas, pour éviter que les blessures narcissiques ne s'enveniment, il ne faut pas hésiter à se faire aider.

Le déni du désir : attention danger !

À côté de ces troubles intermittents du désir, il existe cependant d'autres cas de figure où c'est l'ensemble de la vie sexuelle du couple qui ne fonctionne pas. Ils ne font plus l'amour depuis des mois, voire des années, et s'en accommodent plus ou moins jusqu'à ce que l'un des deux manifeste à cet égard souffrance et frustration. Ce symptôme est à interpréter. Il s'agit souvent de couples qui, dès le départ, du fait de leur histoire personnelle, de leur éducation et par une sorte de pacte inconscient, s'étaient rencontrés autour d'un effroi, donc d'un évitement de la sexualité. Autour de ce point négatif, défensif, ils avaient construit leur relation sur de la tendresse, du respect, des valeurs partagées. S'abandonner totalement à l'autre aurait suscité une angoisse massive. Les relations sexuelles étaient donc très peu investies et les deux partenaires pouvaient s'en satisfaire tant que l'équilibre du couple tenait.

Mais ce type de choix défensif masque évidemment une attirance tout aussi grande que la peur qu'il exprime. Il suffit donc que l'un des deux partenaires découvre, le plus souvent par une liaison, que le plaisir existe, qu'il lui est possible d'en recevoir et d'en donner, pour que la relation conjugale soit profondément remise en cause. Si le conjoint « infidèle » peut à la rigueur trouver son compte dans un clivage qui lui permet de limiter la relation « de chaque côté », donc de ne pas être complètement pris par l'un de ses deux partenaires, le conjoint « trahi », s'il est mis au courant, peut rarement supporter que le pacte soit brisé. Dans ce cas, un vrai travail s'impose pour comprendre d'où venaient les entraves qui les avaient l'un et l'autre ligotés et comment le fonctionnement de leur couple, loin de les en libérer, les avait renforcées. Pour voir aussi s'il est possible de faire circuler du désir entre deux êtres qui n'avaient pas osé se l'autoriser.

Petit théâtre de la consultation conjugale

Scène 8 – Le sexe entre nous, ça ne marche pas

Michel : On vient vous voir parce que le sexe entre nous, ça ne marche pas. On vit comme des colocataires.

Fabienne : Peut-être, mais pendant un an au moins, tu ne m'as même pas touchée ! Une femme a besoin d'être désirée.

Michel : Un homme aussi.

Fabienne : Mais moi j'ai vraiment essayé de comprendre : est-ce que ça venait de toi ? De moi ? Tu en aimais une autre, un autre ? Jamais tu ne m'as expliqué.

Michel : Tu sais très bien qu'à cette époque-là, tout allait mal, je me sentais nul dans mon travail, dans mon couple. Je n'ai jamais osé t'en parler. Mais maintenant que ça va mieux, c'est toi qui ne veux plus de moi !

Fabienne : Que veux-tu ? À force de me faire jeter, je ne sais plus où j'en suis. C'est comme s'il fallait tout recommencer, je me sens bizarre, mal à l'aise.

Michel : Pour tout t'avouer, je ne suis pas très à l'aise, moi non plus !

Fabienne : C'est vrai ? Au fond, ça me rassure que tu dises ça.

La conseillère conjugale : Alors, voyons si vous pouvez en faire quelque chose tous les deux, de ce malaise commun...

Parler d'argent

Même s'ils ne l'avouent pas aisément, l'argent est un objet de discussion pour les trois quarts des couples et une source de tensions pour une bonne moitié d'entre eux. Il génère, de l'envie à la jouissance, toutes sortes d'affects et de sentiments violents et, aussi bien dans la réalité que dans le fantasme, il recouvre des notions complexes et parfois contradictoires de pouvoir, de sécurité, d'angoisse, de plaisir, de dépendance, d'autonomie, de contrainte. Comment s'en débrouiller au quotidien ? Comment en parler ? Et que faire lorsqu'il devient un motif récurrent de conflit ?

L'histoire de Rachid et Félicia

Tout irait bien entre Félicia et Rachid s'il n'y avait entre eux ce nœud permanent de tensions autour de l'argent. Impossible d'en parler de manière sereine. Ils sont mariés depuis dix ans et, loin de s'apaiser, on dirait que leur conflit sur ce sujet ne cesse de s'envenimer. La situation professionnelle de Rachid, pourtant, n'a rien d'inquiétant. Plombier indépendant, il gagne très correctement sa vie. Quant à Félicia, elle travaille pour l'instant en intérim, mais cherche activement un CDI. C'est un couple heureux, uni, dont les deux enfants vont bien. Comment comprendre alors que, dès qu'il est question d'argent, une angoisse que rien ne peut apaiser monte en Rachid ?

Le pouvoir de l'argent *« Le problème, dit-il, c'est que je me laisse entraîner par Félicia à des dépenses que je ne peux pas assumer. Du coup, je crains d'être obligé d'emprunter, de m'endetter, et ça m'obsède. » À cette peur s'ajoute un sentiment d'humiliation : Rachid va jusqu'à dire qu'il se sent impuissant, castré. Il aimerait pouvoir répondre sans réticences aux demandes de sa femme, mais c'est au-dessus de ses moyens, il n'y arrive pas. « Chacun sait que l'argent, c'est le pouvoir, et ce pouvoir-là, je ne l'ai pas ! »*

On aurait tort cependant de voir en Félicia une femme pathologiquement dépensière : l'argent, ce n'est pas pour elle, mais pour leurs enfants. Alors qu'elle se contente elle-même d'un train de vie confortable mais simple, elle a toujours voulu pour eux ce qu'il y avait de mieux : des jolis vêtements, des ordinateurs, des consoles. Pas question surtout de lésiner sur les études et la culture : séjours linguistiques, cours particuliers, leçons de piano… Là-dessus, Rachid a beau s'angoisser, elle ne veut pas transiger.

Les parents de Félicia sont originaires de Centrafrique, un pays pauvre, sans ressources. Une partie de la famille était restée là-bas et, durant toute son enfance, Félicia a vu ses parents s'échiner pour envoyer au pays le peu qu'ils gagnaient. Son père était ouvrier, sa mère femme de ménage et Félicia, comme ses frères et sœurs, avait longtemps porté des habits usés, s'était longtemps contentée des jouets un peu cassés que la patronne de sa mère voulait bien lui donner. Elle en avait gardé un sentiment de honte et de révolte. Jamais ses enfants ne connaîtraient pareille humiliation.

Rachid, lui, est le troisième d'une famille de cinq enfants. Un milieu austère dans lequel on ne riait pas souvent. Des principes religieux rigides, où le plaisir était suspect, tout comme l'argent qui pouvait y donner accès. On parlait à mots couverts d'un oncle qui avait fait des bêtises et s'était retrouvé en prison. D'un cousin qui s'était livré à des trafics douteux. Dans la famille de Rachid, on ne manquait pas d'argent, mais dépenser, surtout pour du superflu, c'était dangereux, c'était transgresser. Et Rachid a l'impression d'avoir passé toute son enfance à se voir interdire et à s'interdire lui-même ce à quoi il aspirait, et plus tard, à souffrir de ne pas pouvoir assumer ce dont il avait envie.

La question des limites *Au fond, tous les deux partagent la même problématique : celle des limites. Les limites dans lesquelles on étouffe, celles dont on voudrait s'affranchir. Et ces limites, c'est l'argent qui vient les symboliser. Ainsi, ils n'ont pas pu poursuivre jadis les études auxquelles ils aspiraient. Rachid parce qu'il n'a pas osé demander à son père la somme nécessaire pour s'inscrire dans l'école de commerce dont il rêvait. Félicia parce que, dans sa famille, l'avenir programmé des filles n'était pas d'avoir un métier, mais de se marier.*

À partir de là, ils ont pris des chemins de pensée différents. Aider ses enfants à aller le plus loin possible, c'était, pour Félicia, leur donner les conditions de cette liberté que ni ses parents ni elle n'avaient connue. Ne pas leur laisser la possibilité de se développer « aurait été un crime », selon sa formule. Si Félicia cherche ainsi, à travers ses enfants, à réparer quelque chose qui s'est joué de travers pour elle, Rachid, pour les mêmes raisons, prend le contre-pied de sa femme. Dans sa réticence à dépenser de l'argent pour les études et les loisirs de ses enfants, on sent en effet percer une rivalité sourde. Pourquoi devrait-il s'épuiser à leur fournir, clés en main, ce dont lui-même a été si injustement privé quand il avait leur âge ? Une vie facile, un accès libre au plaisir.

Prêter attention aux vrais problèmes *Réfléchir ensemble à la manière dont ces conflits autour de l'argent prennent leur origine dans une histoire qui n'est pas celle de leur couple va permettre à Rachid et Félicia de s'en dégager progressivement. Mais il y a encore autre chose que ces tensions révèlent. La rivalité de Rachid avec ses enfants, c'est aussi au sein du couple qu'elle se joue. Il avait trouvé en Félicia, au moment de leur rencontre, la chaleur, l'attention dont il avait tant été privé dans sa famille d'origine : un père inaccessible et une mère qui, avec ses cinq enfants, avait autre chose à faire que de lui donner l'exclusivité. Cette exclusivité, il en veut à Félicia et aux enfants de la lui avoir retirée. Comme si son bonheur à lui importait peu désormais. Il se sent à la fois mis sur la touche et sommé d'accomplir des prouesses dont il se croit incapable. C'est sur ce besoin d'amour et ce sentiment profond d'infériorité qu'il devra travailler.*

Félicia, de son côté, devra comprendre que ce que veut Rachid, c'est avoir un peu de maîtrise sur l'avenir de ses enfants, ne pas être mis à l'écart des choix ou placé devant le fait accompli. Pouvoir leur donner ce dont ils ont besoin et, surtout, ce qui leur ferait plaisir sans avoir l'impression d'y être contraint.

Et nous ?

Chez beaucoup de couples, comme chez Rachid et Félicia, le rapport à l'argent et les conflits qu'il suscite dépendent beaucoup de l'éducation que chacun a reçue, de la place qu'elle tenait dans leur famille d'origine et de la manière dont l'un et l'autre assument ou pas de s'en affranchir.

Héritages familiaux

De fait, on trouve quasiment toujours, en amont du couple, la question des dettes ou des héritages familiaux respectifs et, en aval, celle de l'argent que l'on donne aux enfants, qu'on leur prête, que l'on investit dans leurs études, leur avenir. Ces deux motifs, reproduits dans le couple, mettent en scène des rivalités cachées qui opposent une famille à l'autre avec des vécus différents par rapport à l'argent, avec des traditions, des « valeurs », qui parfois sont aux antipodes. Il se peut que l'on érige son système familial en modèle ou bien, comme Rachid et Félicia, que l'on essaie, chacun à sa manière, d'en prendre le contre-pied. Parce que l'on vient d'un milieu où chaque centime comptait, on peut dépenser son argent de manière addictive ou, au contraire, se pliant aux injonctions acquises, ne pas s'autoriser la moindre dépense inutile. Inversement, si dans la famille d'origine, un parent joueur a mis tout le monde sur la paille, on peut développer une phobie du gaspillage ou bien, s'identifiant à son côté « flambeur », reproduire le scénario de l'argent qui vous « brûle les mains ». Le poids de la famille d'origine joue encore d'une autre manière quand l'ascension sociale vous en éloigne et crée ainsi en vous, avec le sentiment d'avoir trahi sa classe, un conflit de loyauté. Ou encore quand, à l'inverse, on a le sentiment de ne pas être à la hauteur des aspirations de parents qui pourtant s'étaient « sacrifiés » pour vous, vous avaient « tout donné ».

Ce sont toutes ces injonctions contradictoires, ces liens paradoxaux qui viennent parasiter, comme on l'a vu dans le couple de Rachid et Félicia, les représentations que chacun a de lui-même et de l'autre. S'y ajoute la manière dont s'organise le système défensif de chaque partenaire. Dans un cas, on gérera ses angoisses par le contrôle, y compris le contrôle de l'argent. Dans un autre, c'est la dépense qui donnera l'illusion d'une puissance propre à combler le manque, quelle que soit l'origine de ce dernier.

Crispations et tabous

Pourtant, si l'argent tient une place centrale dans l'histoire des couples, dans leur imaginaire comme dans leur quotidien, curieusement, ce n'est pas souvent qu'ils abordent le sujet en consultation. Il semble bien qu'il soit aujourd'hui plus facile de venir évoquer des difficultés sexuelles que des conflits tournant autour de l'argent. Il en va de même à la maison : rares sont les couples qui parviennent à en parler entre eux de manière qui ne soit ni superficielle, ni conflictuelle.

Une des raisons tient aux connotations négatives qui s'associent à l'argent. Il est marqué du sceau de la honte : honte de ne pas en avoir assez, bien sûr, mais aussi honte d'en avoir trop. C'est d'autant plus vrai en temps de crise, mais, de manière générale, parler d'argent « ne se fait pas » chez les gens « comme il faut ». Même si les représentations peu à peu se transforment, dire que l'on a de l'argent est, dans nos sociétés de tradition judéo-chrétienne, toujours synonyme de vulgarité. Lorsque l'exigence de transparence impose de déclarer aux yeux du pays entier son patrimoine et sa fiche de paie, elle ne suscite pas la confiance que, un peu naïvement, on en attendait. Bien au contraire, la méfiance se renforce, la transparence passe pour du calcul : l'argent fait partie de ces choses que l'on tait. Ce que la psychanalyse confirme quand elle relie l'argent, celui que l'on retient, celui que l'on donne, au stade anal du développement de l'enfant, qui, vers deux-trois ans, expérimente pour la première fois une forme de pouvoir caché sur autrui dans le fait de retenir ses selles – ce qui lui procure du plaisir – ou de les donner – ce qui « fera plaisir à maman ».

Ce pouvoir se manifeste notamment dans le couple quand les différences de salaires sont importantes entre les deux conjoints. Certes, pour des raisons culturelles, idéologiques, cette différence reste de nos jours mieux acceptée si c'est l'homme qui gagne davantage. Cependant, le pouvoir ne se trouve pas nécessairement que chez celui qui gagne l'argent, mais aussi chez celui qui le gère. Ainsi, il y a des femmes au foyer qui manifestent, dans ce domaine, des capacités remarquables de comptable ou de gestionnaire.

Dans le cas où c'est la femme qui gagne nettement plus, le regard porté par chacun des deux partenaires, mais aussi, et peut-être surtout, par la famille, par l'entourage, est encore très souvent négatif, comme si on en restait au vieux schéma patriarcal où l'homme doit faire vivre sa famille. De ce fait, l'homme qui gagne moins se sent souvent humilié, narcissiquement diminué, en posture basse par rapport à sa femme. Qui elle-même se retrouve enfermée dans une position de domination qui a pu lui convenir à un moment, mais qui, à la longue, finit par lui peser.

Un miroir grossissant du couple et de ses équilibres

De manière plus générale, et quel que soit celui, homme ou femme, qui gagne davantage, si la différence de salaire est importante, si l'un des deux ne gagne rien ou seulement « son argent de poche », ce n'est pas un hasard et cette configuration renvoie à un choix de partenaire inégalitaire centré sur un rapport, plus ou moins accepté par les deux partenaires, de dépendance de l'un envers l'autre. Les incompréhensions surviennent quand des événements « extérieurs » viennent déranger cet équilibre. C'est le cas par exemple lorsqu'un homme, jadis pourvoyeur principal des finances du couple, se voit fragilisé s'il se retrouve au chômage. Les rôles se sont inversés et il a l'impression de dépendre désormais de sa femme. D'où l'importance de ne pas considérer que la relation, y compris sur le terrain de l'argent, est structurée de manière immuable sous peine de laisser les choses s'envenimer.

Si l'argent est un motif récurrent de dispute, et même dans les cas où il semble y avoir un fondement réel à ce problème, lié par exemple aux conditions socio-économiques actuelles, il peut toujours être utile de ne pas s'accrocher au symptôme mais d'aller voir ce qu'il cache, au lieu de « régler ses comptes » à l'autre, de lui « faire payer » ses frustrations et son malaise. Essayer de comprendre ce que ces questions d'argent mobilisent d'angoisse en chacun, où est leur origine et comment elles s'articulent, s'enchevêtrent et se potentialisent dans la relation. On trouve un peu partout toutes sortes de conseils concernant la gestion de l'argent au sein du couple, une liste des « erreurs à éviter ». Pourquoi pas ? Mais à condition de ne pas les appliquer comme autant de recettes valables pour tous. Ainsi, le choix des comptes séparés, ou du compte joint, ou de la combinaison des deux, recouvre des questions fondamentales dans la dynamique du couple. La gestion de l'argent « fusionnelle » ou « séparatiste » est en effet souvent le reflet du type de relation qui s'est instauré dans le couple. Comment être ensemble tout en gardant une part d'autonomie ? Comment surmonter les angoisses liées à la fusion, à la crainte de s'engager ou, au contraire, à l'éventualité d'une séparation ? Les paradoxes ne manquent pas puisque le même désir d'avoir, par exemple, un compte à soi peut aussi bien recouvrir une volonté affirmée de « garder sa liberté » que l'anticipation angoissée d'une séparation que l'on essaie d'annuler magiquement en la mettant en actes à travers l'argent. À l'inverse, un compte joint peut marquer une étape importante dans la construction du couple ou bien signifier que l'on ne peut pas supporter la moindre distance entre soi et son partenaire.

Éviter les non-dits

Ici comme dans la plupart des domaines de la vie relationnelle, si les recettes n'ont pas grand sens, il convient en revanche de ne pas laisser s'installer frustrations et non-dits. Le rapport à l'argent reflète l'alliance inconsciente entre les partenaires autant qu'il influe sur elle. Il faut donc être attentif à tous les changements – ils correspondent aux étapes de la vie conjugale, le mariage, l'arrivée des enfants, les aléas de la vie professionnelle de l'un ou l'autre, la retraite – qui peuvent modifier l'équilibre que l'on avait trouvé dans la répartition ou la gestion de l'argent. L'essentiel est de ne pas se laisser enfermer dans des postures immuables. Il en va du rapport à l'argent comme des autres aspects de la vie du couple : pour que le couple dure, pour qu'il reste vivant, il doit sans cesse reconsidérer les rôles et les fonctions.

Petit théâtre de la consultation conjugale

Scène 9 – L'argent, ça nous gâche la vie

Sylvie : On vient vous voir parce qu'on a un souci avec l'argent.

José : C'est toi qui en fais toute une histoire !

Sylvie : Évidemment ! Je travaille comme une folle, tu ne fais quasiment rien. On y arrive à peine et tu me reproches de ne parler que de ça.

José : Avant on vivait très bien, on n'avait pas de crédit sur le dos, je donnais des cours de piano, tu t'en contentais.

Sylvie : C'est vrai, c'est même pour ça que je t'ai aimé.

José : Tu vois ? Maintenant, tu rentres fatiguée, énervée. On ne se parle plus. J'ai l'impression de ne plus exister.

Sylvie : Et le pavillon, on le paiera comment ?

José : Mais je n'en ai pas besoin de ton pavillon ! Un studio avec toi dedans, ça me suffit parfaitement.

Sylvie : Tu sais bien que c'est pour nous que je veux l'acheter, pas pour moi !

La conseillère conjugale : Et comment faire alors pour que chacun de vous ait vraiment envie d'y habiter ?

Troisième partie

Fonder une famille

La vie ensemble, à deux, a donc été l'apprentissage pas toujours facile de la désidéalisation. Il a fallu passer du « nous » rêvé, fusionnel des débuts à un « je » alterné. Un duo où l'on ne chante pas toujours en même temps, ni parfois la même chanson. Chacun a retrouvé une grande partie de son autonomie, mais refait l'expérience d'une certaine solitude. Dans le meilleur des cas, une zone commune s'est construite, nourrie des apports de chacun. Le couple s'est créé un réseau d'amis, d'activités, de plaisirs partagés, mais chacun a repris aussi goût à ce qui « avant » le mobilisait. Une activité sportive à laquelle le partenaire finalement, il peut bien le dire maintenant, ne s'intéresse pas trop, une pratique artistique pour laquelle, vraiment, il a eu beau essayer, il ne se sent pas doué. Chacun va, de temps en temps, boire un verre avec ses amis ou passer une soirée entre filles. Un certain équilibre se crée où chacun éprouve la nécessité et les bienfaits de ce jeu entre proximité et distance.

Or, c'est cet équilibre que d'autres facteurs vont venir remettre en cause. L'arrivée d'un enfant en est un, qui implique une nouvelle redistribution des cartes entre le « nous » et les « je » : le couple conjugal devient aussi un couple parental et ce n'est pas toujours simple de faire coïncider les deux. L'influence des familles d'origine en est un autre quand elles viennent interférer sur celle qui est en train de se reconstruire. Ou encore la présence des ex et des beaux-enfants avec lesquels il faut bien compter quand la famille que l'on souhaite construire doit se « recomposer ».

Devenir parents

L'arrivée d'un enfant constitue, c'est une évidence, une étape décisive dans la vie d'un couple. On passe de deux à trois, d'un couple à une famille et, en devenant parent, on sort définitivement de l'enfance pour entrer dans l'âge adulte. Avec tout ce que cela comporte de fierté mais aussi d'inquiétude pour chacun. Vais-je être une bonne mère ? Un bon père ? Saurons-nous, l'un et l'autre, nous montrer à la hauteur des responsabilités qui nous incombent désormais ? Et qu'en sera-t-il de nous deux ? N'allons-nous pas nous oublier ? Arriverons-nous à tout concilier ?

L'histoire de Béatrice et Matéo

Pour parler de la naissance de Lou, Béatrice a trouvé une formule : « On a changé de casting en plein milieu du film. » Et, de fait, l'arrivée du bébé a entraîné dans le couple qu'elle forme avec Matéo, comme dans beaucoup d'autres, une refonte du scénario et une complète redistribution des rôles.

Tout a changé *Le problème vient ici de ce qu'ils ne s'en sont pas méfiés et qu'un an plus tard, au lieu d'avoir de nouveau évolué, la situation s'est rigidifiée au point d'en devenir caricaturale. Au début de leur histoire, Matéo avait parfaitement su jouer pour Béatrice le rôle du prince charmant qu'elle attendait. Jamais à court d'idées pour la sortir, pour la séduire, il avait adoré l'admiration qu'elle lui portait. Aujourd'hui, le prince s'est métamorphosé en trentenaire avachi qui, à peine rentré du bureau, enfile un vieux jogging, pose un baiser distrait sur la joue de sa femme, file se chercher une bière et allume l'ordinateur. Quant à Béatrice, elle a pris dix kilos, se maquille à peine et consacre désormais tout son budget vêtements à habiller sa fille. Leur image en a pris un coup. Leur libido aussi.*

Quand ils se sont connus, *six ans plus tôt, chacun vivait encore chez ses parents. Béatrice ne souhaitait qu'une chose : quitter sa famille. Pour Matéo, c'était plus compliqué. Il habitait seul avec une mère fragile, dont il était, pour cela même, très proche. S'en séparer pour vivre avec Béatrice, c'était franchir une étape décisive. Comme s'il devenait enfin un homme. Et c'est bien de cet homme-là que Béatrice était tombée amoureuse. Celui qu'il voulait être. Celui qu'il lui montrait. Tout s'est donc très bien passé entre eux, y compris physiquement, jusqu'à la naissance de Lou. Là, les choses ont commencé à se modifier insidieusement. Sans pouvoir trop se l'avouer, ni a* fortiori *le lui dire, Béatrice s'est sentie troublée de voir Matéo donner le biberon à sa fille, la changer. Elle qui disait souffrir du comportement machiste de son père a mal supporté cette part de féminité qui se révélait dans son mari. Comme si Matéo, en s'occupant de trop près de sa fille, perdait à ses yeux quelque chose de sa virilité. À ce sentiment se mêlait peut-être aussi chez elle une pointe inconsciente de jalousie devant la relation d'intimité confiante qui s'établissait entre le père et sa fille. D'autant qu'elle-même se sentait alors moins séduisante, moins regardée. Elle a réagi en se centrant sur le bébé et en écartant peu à peu Matéo sous toutes sortes de prétextes : il ne savait pas bien s'y prendre, elle aurait plus vite fait... C'est là que les choses se sont nouées.*

Matéo le reconnaît sans peine : *il n'a jamais rien décidé dans sa vie. Ni sur le plan professionnel, ni sur le plan personnel. Les études de commerce, c'est sa mère qui l'y a poussé. Le mariage, l'enfant : c'est sa femme. Il a tout accepté, parce qu'il déteste les conflits et que, selon lui, c'était la meilleure manière de se faire aimer. Non qu'il en soit vraiment mécontent. Ce dont il se plaint surtout, c'est de ne plus recevoir les bénéfices attendus de sa soumission aux désirs de l'autre. D'avoir l'impression de passer désormais après. Après Lou, mais aussi après le chat, après l'entretien de la maison, voire le désherbage du jardin. L'analyse, bien sûr, fait bondir Béatrice. C'est elle qui devrait se plaindre ! Elle qui, comme sous l'effet d'un mauvais sort, se voit transportée à son tour dans un scénario qui, plus que tout, lui déplaît. Pour ne pas reproduire le couple de ses parents, elle avait choisi un homme conciliant, tout à l'opposé de son père, et là voilà qui se retrouve confinée à la maison et, comme sa mère, ménagère à plein-temps.*

Rétablir le dialogue *Leur erreur à ce moment-là a été de se taire. De ne pas oser confier à l'autre les inquiétudes qui les traversaient.*

De ce fait, ils se sont mal compris. Matéo, se sentant abandonné, jaloux à son tour du bébé, mais craignant de l'avouer, a d'abord essayé de se rapprocher de sa femme. Mais il s'y est pris de manière maladroite et a manifesté son désarroi sur un mode plaintif, régressif, qui n'a fait qu'augmenter l'agacement de Béatrice. Du coup, il a peu à peu renoncé et a cherché à passer le moins de temps possible dans une maison où il ne se sentait plus accueilli. De son côté, Béatrice, se voyant elle aussi délaissée, a adopté vis-à-vis de Matéo une posture d'autorité grincheuse. Et Matéo s'est senti encore plus « perdre son identité de mec », comme il le dit lui-même : comment « faire l'homme » quand, sans modèle, on craint de ne pas savoir en être un ? Comment prendre sa place sereinement quand on nous en intime l'ordre sans arrêt ? Comment rester dans le désir l'un de l'autre quand, entraîné dans une spirale qui nous dépasse, on se sent, homme ou femme, comme dépossédé de son statut ?

Béatrice et Matéo ont d'abord besoin d'être rassurés. Mais pas de la manière dont le font habituellement les amis, la famille en leur disant : « C'est normal, ça va passer. » Certes, ce qui leur arrive, au-delà des histoires personnelles de chacun, n'a rien de bien exceptionnel. La naissance d'un enfant entraîne souvent cette sorte de crise au sein du couple. Le savoir peut les aider, mais attendre que « ça passe » est vraiment le pire conseil que l'on puisse leur donner. Sans doute disposent-ils en eux-mêmes et dans leur couple de ressources suffisantes pour y faire face ensemble, mais ces ressources, ils doivent les mobiliser.

Il faut avant tout que le dialogue se rétablisse entre eux. Que chacun puisse exprimer, plutôt que les reproches qu'il fait à l'autre, ceux qu'il se fait à lui-même et qu'il a tendance à projeter sur son conjoint. Ses inquiétudes. Leurs racines profondes. Comprendre d'où vient la crainte de l'autre à se voir délaissé permettra de la déjouer au lieu de la renforcer. Ils doivent par ailleurs veiller à ne pas laisser perdurer la baisse du désir, elle aussi « normale » après une naissance. Il leur faudra, pour érotiser de nouveau leur relation, faire preuve d'un peu d'initiative, de créativité. Comme finira par le dire Matéo : « Dans nos têtes, comme dans nos corps, tout est à réinventer. » Et c'est au fond une chance à ne pas laisser passer.

Et nous ?

Bien avant la naissance de l'enfant, la grossesse, même si elle a été désirée, même si elle se passe parfaitement bien, ne constitue pas toujours, pour le couple, une période facile, loin de là.

Un bouleversement intime

Le fait d'être enceinte, avec tout ce que ça implique de bouleversements physiques et psychologiques, de doutes, d'angoisses aussi parfois, n'est pas nécessairement le moment le plus épanouissant dans l'existence d'une femme. Pour certaines oui, mais pas pour toutes, et cela ne préjuge en rien ni de leurs futures compétences parentales, ni de l'amour qu'elles porteront à leur enfant. Pour les futurs pères, si proches et attentifs soient-ils, les neuf mois qui s'écoulent peuvent être aussi pour eux, quoique d'une autre manière, compliqués à vivre. Devenir père sans ressentir de l'intérieur ce qui se passe, devenir mère dans un mélange d'euphorie, mais aussi parfois de ressentiment à l'égard de l'enfant que l'on porte, cela nécessite pour chacun toute une série de réaménagements psychiques. D'où l'importance d'en parler. De se manifester l'un à l'autre cette confiance. Chacun sera soulagé de pouvoir être entendu dans ses espoirs comme dans ses craintes et, en partageant celles de l'autre, il apaisera ses propres appréhensions.

Un heureux événement ?

L'arrivée de l'enfant provoque, comme chez Matéo et Béatrice, une redistribution complète de bien des aspects de la vie quotidienne, intime et sociale du couple. Le centre de gravité se déplace, le rythme change, l'ordre des priorités, des responsabilités aussi. Les nuits sont courtes. Les sorties le soir sont rares. Même s'il l'a voulu, celui qui a pris un congé parental – et c'est le plus souvent encore la femme –, se trouve brusquement coupé de son milieu professionnel, assigné à la maison, n'ayant comme interlocuteur durant toute la journée qu'un bébé. Y trouver du plaisir ne signifie pas que l'on n'en ressente pas aussi une certaine frustration. De son côté, le partenaire, celui qui continue son activité extérieure, peut s'en sentir à la fois coupable et vaguement jaloux. Des liens s'établissent sans lui, plus étroits, plus intenses, dont il se trouve, comme durant la grossesse, exclu.

Et, de fait, au-delà des nouvelles contraintes d'organisation et d'emploi du temps, c'est bien la relation de couple elle-même qui a du mal à trouver un nouvel équilibre, et même parfois à perdurer : 20 à 25 % des couples qui se séparent le feraient dans les quelques mois qui suivent la naissance de leur premier enfant.

Lorsque la plainte émane de l'homme, elle s'articule presque toujours autour d'un sentiment d'exclusion : avec la naissance de l'enfant, sa femme, devenue mère, s'est moins intéressée à lui, l'a délaissé au profit du bébé. Ce n'est pas qu'il se « sente » exclu, dit-il, c'est qu'il l'est vraiment et quasi ent intentionnellement par sa compagne. Doublement exclu : rival de l'enfant auprès de la mère, il l'est aussi d'elle auprès de l'enfant. Ne trouvant plus sa place auprès de sa compagne, il ne parvient pas non plus, parce qu'elle l'en empêche, pense-t-il, à en prendre une auprès de son enfant. La spirale qui s'amorce alors est bien connue : plus l'un des deux partenaires se sent mis à l'écart, plus il prend lui-même de la distance, en s'investissant massivement dans son activité professionnelle ou en nouant, ce qui n'est pas si rare, une relation extraconjugale qui le « venge » et le rassure narcissiquement. Et plus il prend ses distances, plus l'autre se replie sur la relation avec son enfant.

Parfois, c'est l'inverse et c'est la femme qui se plaint de ce que son compagnon, après la naissance de l'enfant, a cessé de manifester de l'intérêt, voire du désir, pour elle. « J'étais devenue une mère, dit-elle, il ne me touchait presque plus, comme si je n'étais plus sa femme, comme si ça le gênait. » Le risque, si l'on ne fait rien, c'est que la même interaction circulaire s'enclenche : frustration, repli, éloignement, frustration. La baisse de la libido durant cette période est un phénomène qui touche bon nombre des couples. La grossesse a pu laisser des séquelles douloureuses qui mettent un peu de temps à disparaître, les conditions matérielles sont modifiées, le sommeil est réduit, l'enfant devient le centre des préoccupations et des soins. Mais, au-delà, les représentations que chacun se fait de l'autre évoluent elles aussi. Ce n'est pas toujours facile pour une femme de voir son homme s'occuper de couches et de biberons, ni pour un homme de voir sa femme allaiter tendrement le bébé. Et ça l'est d'autant moins que tout le monde autour d'eux vante les mérites de l'un, la disponibilité de l'autre et célèbre leur bonheur alors même qu'ils se sentent souvent affreusement désemparés.

Comment, dans ces conditions, ne pas laisser les choses se déliter, comment notamment retrouver une « vraie » vie de couple ? On le dit souvent : l'espace, y compris matériel, que l'on se préserve est essentiel. C'est une question importante et difficile. Importante parce qu'elle concerne l'intimité du couple, ainsi que celle de l'enfant. Il est évidemment souhaitable que le couple dispose d'un lieu un peu protégé. Mais c'est aussi une question difficile parce que la situation financière de certains jeunes parents ne leur permet pas d'organiser leur vie comme ils le souhaiteraient. Là encore, poser des normes de bien-être psychique serait inutilement culpabilisateur. L'essentiel est de tenir bon sur la nécessité d'avoir, pour le couple, de l'espace ou des moments « à lui ». En faisant appel à la famille ou aux amis, et sans forcément partir loin. Une escapade peut consister en un dîner d'amoureux à la maison quand le bébé dort chez les grands-parents ou même tranquillement dans la pièce à côté.

Traverser les turbulences

De même que, pendant la grossesse, le dialogue permet de ne pas laisser s'installer malentendus et incompréhensions, durant les premiers mois qui suivent le retour à la maison, il ne faut surtout pas hésiter à se parler de tout ce qui trouble, inquiète, fait douter. De ce que l'on souhaite aussi. Ne pas hésiter à demander à l'autre de l'aide, de l'attention, du soutien. Rien n'est pire que de se taire pour, des années plus tard, reprocher à l'autre de n'avoir rien fait et de l'entendre répliquer : « Mais tu ne me l'as pas demandé ! »

Une fois que la période « difficile » est passée, ce dialogue doit continuer : un jeune père n'est pas nécessairement un monstre d'égoïsme s'il recommence à avoir envie d'aller le dimanche matin faire du sport avec ses copains ou boire un verre avec eux un soir. Et la mère n'est pas forcément atteinte d'une possessivité pathologique si elle est un peu inquiète à l'idée de confier son petit à une baby-sitter pour aller dîner chez des amis. Ou inversement, si c'est la jeune mère qui souhaite se changer les idées en voyant ses copines, ou le père qui préfère veiller lui-même sur son enfant. Il faut être à l'écoute l'un de l'autre, se rassurer, chercher ensemble le moyen d'équilibrer ce que veut chacun, ce qui est possible, ce qu'on doit répartir, ce que l'on peut partager, ce que l'on doit différer.

Au fond, l'important est de savoir que ces difficultés qui accompagnent la naissance d'un enfant sont bien réelles, qu'il faut s'y attendre et ne pas craindre de s'y trouver confrontés. C'est le seul moyen pour qu'elles soient passagères. Savoir que l'on ne pourra pas tout de suite tout faire, tout concilier. Que l'on ne sera peut-être pas d'emblée la mère admirable, le père exceptionnel que l'on aurait souhaité. Ne pas s'en vouloir, ne pas en vouloir à l'autre. Prendre un peu de distance. Faire preuve d'humour.

Il y aura des moments de découragement, mais aussi de bonheur parfait. Si l'arrivée de l'enfant instaure une zone de turbulences dans la vie d'un couple, le fait de les traverser ensemble, de les dépasser ensemble est porteur de confiance. Le couple y puise du poids, de la stabilité, une force nouvelle.

Petit théâtre de la consultation conjugale

Scène 10 – Elle ne s'intéresse qu'à l'enfant

Didier : On vient vous voir parce que depuis la naissance de notre fils, ma femme ne pense plus qu'à lui !

Charlotte : Comme toi, tu ne penses qu'à toi, ça compense !

Didier : Tu exagères ! Je m'en occupe, moi aussi.

Charlotte : Ah bon ? Quand ça ?

Didier : Mais dès que je peux !

Charlotte : C'est ça ! Quand ça t'arrange !

Didier : On dirait que ce qui t'arrange, toi, c'est que je ne sois pas là.

Charlotte : Si c'est pour t'entendre geindre sans arrêt, c'est vrai !

Didier : Je suis quand même son père et ton mari !

Charlotte : Franchement, on pourrait se le demander !

Didier : Il suffirait que tu me laisses de la place.

Charlotte : Tu n'as qu'à te décider à l'occuper !

La conseillère conjugale : On pourrait peut-être inverser les rôles : Didier ferait un peu plus de place à Charlotte et Charlotte essaierait de s'y installer.

Élever les enfants

Jadis, quand une mère peinait à se faire obéir de ses enfants, il lui arrivait d'invoquer la figure paternelle : « Si tu n'es pas sage, j'en parlerai à ton père ! » Le père disait la loi, la mère essuyait les larmes. Aujourd'hui, c'est parfois l'inverse. On est passé de la puissance paternelle à l'autorité parentale partagée. On reprochait autrefois aux hommes d'être trop distants ; maintenant, les taxant de « mères bis », certains les voudraient moins impliqués affectivement auprès de leurs enfants. Quant aux mères qui, il n'y a pas si longtemps, se voyaient reprocher leur faiblesse, leur laxisme, elles se retrouvent assez fréquemment aujourd'hui dans une posture imposée de gendarme. Si l'on ajoute à cela la fragilisation du couple, le surinvestissement de l'enfant et les difficultés économiques croissantes, réussir l'éducation de ses enfants est devenu pour beaucoup une priorité angoissée. Comment concilier des principes éducatifs parfois très différents ? Comment ne pas se laisser enfermer dans un rôle ? Comment ne pas en faire, dans le couple, un sujet de conflit permanent ?

L'histoire d'Étienne et Isabelle

Pendant longtemps, Étienne et Isabelle ont vécu sans enfants. C'était un choix : ils voyageaient beaucoup, profitaient l'un de l'autre, partageaient tout. Et puis, un jour, ils se sont décidés : Julie est née, puis Mathias, et les difficultés ont commencé.

Des rôles trop fermés *Isabelle est une femme dynamique en apparence, mais au fond peu sûre d'elle. Petite, elle avait souffert de la comparaison incessante que tout le monde – la famille, les amis, les professeurs – faisait entre elle et sa jeune sœur, tellement plus douce, plus féminine ; plus jolie aussi, croyait Isabelle. En rencontrant Étienne, elle avait pensé : « Enfin un homme qui va me considérer comme une femme ! » À la naissance de Julie, elle avait cessé de travailler : elle voulait s'occuper pleinement de ses enfants. Étienne, lui, a de faux airs d'adolescent. Il vient d'une famille un peu triste, un père froid, distant, une mère douce, mais fatiguée. C'est l'énergie d'Isabelle qui l'avait séduit. Avec elle, il se sentait vivant. Consultant en recrutement, il travaille beaucoup et continue, lui, à voyager souvent. Alors, l'éducation des enfants, « tout naturellement », c'est Isabelle qui s'en est occupé.*

Aujourd'hui, Julie a huit ans, Mathias six, et Isabelle a l'impression de se retrouver piégée. Elle reproche à Étienne son manque d'autorité. Jamais il n'élève la voix, jamais il n'impose rien aux enfants. Quand il est là, il joue avec eux : que les devoirs soient faits ou pas, il s'en moque. Il n'arrive pas à leur mettre des limites, c'est toujours Isabelle qui doit crier, menacer, punir. Elle en a assez de ce rôle de mégère. Pourtant, ce n'est pas faute de l'avoir répété à Étienne : « C'est toi le père. C'est à toi de leur dire non. » Mais rien n'a changé. Elle a même envisagé de partir avec les enfants. Puisqu'elle s'en occupe pratiquement seule, autant le faire complètement ! Au moins, il ne viendra plus saborder ce qu'elle essaie de leur inculquer. Étienne se défend faiblement. C'est vrai qu'il travaille beaucoup, rentre tard, part souvent en déplacement. Alors gronder les enfants ? Il ne les voit pas si souvent ! Quand il est là, il a envie de les gâter, il a tellement souffert de la froideur de son propre père ! « Après tout, ils sont encore petits, ils ont besoin de jouer ! Et puis ça ne va pas si mal à l'école ! Plus tard, d'accord, il faudra les serrer un peu, mais là, est-ce vraiment indispensable ? » Depuis un certain temps, lui aussi se pose des questions : Isabelle dit vouloir qu'il intervienne, mais en réalité, il a l'impression qu'elle l'exclut. C'est peut-être pour ça qu'il travaille autant. Qu'il est de moins en moins souvent à la maison. C'est un cercle vicieux. Tous les deux se disent perdus.

Trouver sa place *Comment en sont-ils arrivés là ? Chacun est persuadé que c'est l'autre qui a commencé, que lui ne fait que réagir, pour compenser. Si Étienne se montre si conciliant avec ses enfants, c'est qu'il trouve Isabelle trop sévère. Isabelle, elle, pense que c'est la démission d'Étienne qui lui impose cette attitude autoritaire. Une fois ce raisonnement circulaire instauré, il tourne tout seul. C'est cette mécanique, ce jeu à deux, qu'il faut casser. Au fond, chacun se sent floué dans ce qu'il attendait de l'autre et du couple. Isabelle se retrouve, comme dans sa famille d'origine, obligée de « faire le garçon » et Étienne craint d'être, comme son père, exclu du groupe mère-enfants. Mesurer à quel point la situation, en reproduisant des schémas d'enfance, les fait souffrir tous les deux leur permet déjà de se comprendre mieux.*

Parallèlement, ils peuvent commencer à changer de postures. Isabelle cessera de signifier en permanence à Étienne qu'il est un père défaillant. Plus elle le fait, plus il risque de le devenir. Pour qu'il fasse preuve d'autorité, mieux vaut ne pas lui reprocher sans cesse devant les enfants d'en manquer. Étienne, lui, s'interdira de revenir sur une décision de sa femme. Même s'il n'est pas d'accord. Ils en par-

leront après et mettront au point une stratégie commune pour la fois suivante. Il verra que, sans tout céder, on peut être un père aimant. Et aimé. Pour ce qui est du travail scolaire, Isabelle évitera de dévaluer d'avance l'apport d'Étienne. Elle acceptera qu'il fasse travailler les enfants à son rythme, selon ses propres méthodes. Elle ne repassera pas derrière et si, au début, les progrès ne sont pas spectaculaires, elle ne marmonnera pas : « Fallait s'y attendre, vu la manière dont tu t'y prends ! » Le but est qu'Étienne prenne sa place, pas de lui prouver qu'il est incapable d'y arriver.

Étienne se souviendra qu'il avait su voir derrière l'apparence si forte de sa femme beaucoup de fragilité. C'était pour ça aussi qu'il l'avait aimée. Il admettra que parfois, face aux enfants, elle se sente vraiment désorientée. Il lui accordera plus de temps, l'écoutera mieux et, pour peu qu'elle l'y encourage suffisamment, il reprendra plaisir à l'aider.

Et nous ?

Isabelle et Étienne en ont fait l'expérience : élever un enfant, c'est souvent se retrouver à une place que l'on ne s'était pas toujours bien préparé à occuper.

L'enfance, notre propre enfance, refait brusquement surface et avec elle l'inévitable ambivalence de nos souvenirs. Cette éducation que nous avons reçue, est-ce que c'est celle que nous souhaitons donner à nos enfants ? Faut-il s'en inspirer, en prendre le contre-pied ? Comment savoir si ce choix est vraiment le nôtre, s'il vient payer des dettes ou au contraire régler les comptes du passé ?

Hériter, inventer et concilier

Les choses se compliquent du fait que, dans le meilleur des cas, on est deux à élever cet enfant et que les questions que chacun des membres du couple se pose ont tendance à se superposer, sans, comme on en rêvait, miraculeusement s'accorder. Car une fois que l'on s'est à peu près mis d'accord avec soi-même sur les valeurs que l'on veut transmettre à son enfant, les règles que l'on souhaite lui enseigner, l'autonomie que l'on jugera bon de lui laisser, une fois que l'on est à peu près au clair sur les représentations que l'on se fait soi-même de son propre rôle de parent, on en vient assez facilement à une définition de ce que doit être celui de l'autre. Et si les définitions ne coïncident pas, si, pour un des deux partenaires, « être père » ou « être mère » ne signifie pas tout à fait la même chose que pour l'autre, les difficultés commencent.

Sans doute convient-il d'abord d'en parler ensemble avant la naissance de l'enfant. Surtout si l'on vient de cultures différentes et que l'on peut s'attendre à ce que le poids des traditions qui jusque-là interférait peu dans la vie à deux, reprenne de la force lorsque l'enfant paraît. Sans vouloir absolument tout régler à l'avance, mais en se mettant d'accord sur ce qui paraît essentiel : par exemple, la religion – ou l'absence de religion – dans laquelle on élèvera l'enfant.

Ensuite, comme dans tout ce qui peut être source de conflit dans le couple, il faut essayer de trouver les raisons profondes à l'origine de l'attitude que l'on juge peut-être trop rigide ou au contraire trop laxiste de son conjoint. Il ne s'agit évidemment pas de faire allusion aux familles d'origine sur un mode accusateur. Dire à son mari : « Tu es bien comme ton père, autoritaire, tyrannique, je ne comprends pas comment tu peux te comporter de la même manière avec tes propres enfants ! » est très blessant, donc parfaitement improductif. D'autant que les choses ne sont pas si simples : on peut faire preuve de rigidité, soit parce que l'on a eu des parents sur ce modèle et que, même si on en a souffert, on ne peut se résoudre inconsciemment à leur donner tort, soit, à l'inverse, parce que l'on a beaucoup pâti d'un manque de limites et que l'on ne souhaite à aucun prix reproduire ce comportement avec ses enfants.

Donc, plutôt que d'accuser, faire preuve d'empathie, essayer de comprendre l'autre et surtout savoir se remettre, soi aussi, en question. Nos principes éducatifs, comme ceux de notre partenaire, sont le produit d'une alchimie complexe entre notre héritage, ce que l'on nous a transmis et ce que nous voulons, nous, transmettre ou inventer.

Raconter son histoire, entendre celle de l'autre, c'est le début d'une rêverie commune sur l'avenir que l'on se cherche, celui du couple, mais aussi celui que l'on imagine pour les enfants. Ce dialogue, outre qu'il permet, comme dans tous les domaines de la vie conjugale, de dissiper les malentendus a également une autre fonction : il est ce par quoi un couple d'amoureux se constitue aussi, jour après jour, mois après mois, comme parents. Avec des hésitations, des essais, des erreurs et d'inévitables réajustements.

Accords et désaccords

On dit souvent que l'essentiel, si l'on est en désaccord, c'est de ne surtout pas le manifester devant les enfants. C'est en grande partie vrai. En dehors des cas où la violence avérée d'un parent risque de mettre l'enfant en danger physique ou psychique, tout ce qui relève d'un possible désaveu « public » est à proscrire. Faire irruption dans la pièce parce que l'on entend de loin son mari ou sa femme élever un peu la voix au moment du bain, du coucher ou des devoirs et prendre alors systématiquement le « parti » de l'enfant sans savoir ce qui s'est vraiment passé peut être vécu par le conjoint comme très humiliant. Par ailleurs, le désaccord, s'il est patent, récurrent, met l'enfant lui-même en porte-à-faux, brouille ses repères, peut l'inquiéter, le faire se sentir coupable des disputes qui déchirent ses parents, l'amener à des comportements à risques pour tenter de les rapprocher ou encore l'inciter à jouer un parent contre l'autre pour obtenir ce qu'il veut.

En revanche, il faut en parler ensemble hors de la présence de l'enfant et voir comment il est possible de s'attribuer à chacun des « domaines de compétences éducatives » dans lesquels l'autre, s'il ne s'y sent pas à l'aise, n'interférera pas. Si le timing des jeux vidéo ou de l'ordinateur est une cause permanente de stress pour soi alors que son conjoint s'en accommode très bien, pourquoi ne pas le laisser s'en occuper et se charger, par exemple, de l'argent de poche. À condition que chacun laisse l'autre faire à sa manière. Qui n'est pas nécessairement celle que l'on aurait soi-même adoptée.

Un des sujets de conflits majeurs tourne autour de la scolarité des enfants. Le désir de réussite, d'ascension sociale se heurte au souci de ne pas trop faire pression sur eux, de les laisser profiter de leur enfance, de leur adolescence plutôt que de les harceler avec des exigences démesurées. Bref, d'en faire des individus heureux. L'équilibre à trouver ici ne doit pas consister en une répartition trop rigide des rôles – l'un des deux parents, aujourd'hui le plus souvent la mère, se retrouvant en position d'instituteur bis, tandis que l'autre, préconisant plus de souplesse, jouerait la carte du parent cool et compréhensif. Toute exigence trop pesante, celle de la réussite comme celle du bonheur, est génératrice d'angoisse, tant l'enfant a peur de décevoir ses parents. Si, en outre, ces exigences se contredisent ouvertement, y répondre devient pour l'enfant une tâche au-dessus de ses forces.

Accepter le changement

Ne pas se contredire l'un l'autre devant ses enfants, se répartir le plus harmonieusement possible les tâches éducatives, ne signifie pas cependant qu'il faille se montrer face à eux en accord sur tout dans tous les domaines. L'éducation, c'est aussi l'apprentissage des différences, de l'altérité, du respect de l'autre et des vertus de la négociation.

C'est aussi celui des limites. Un enfant, quel que soit son âge, en a besoin. C'est avec elles qu'il se construit, en les éprouvant, en les testant. C'est parce que ses parents lui résistent qu'il comprend qu'ils sont solides, qu'il peut se fier à eux. Il n'y a pas, paradoxalement, pire situation que celle de l'enfant-roi à qui, de guerre lasse, on passe tout et qui finit par tyranniser ses parents. La vie se chargera cruellement de lui ôter ses illusions de toute-puissance.

Il n'y a donc pas une « bonne éducation », valable pour tous les temps, pour tous les enfants et pour tous les âges. L'équilibre entre l'apprentissage des limites et celui de la liberté n'est pas le même quand il s'agit d'un jeune enfant ou d'un adolescent. La nature des limites non plus. Il n'y a pas non plus de fonction assignée à un sexe. Chacun, homme ou femme, peut adopter à tour de rôle une position « maternelle » ou « paternelle ». L'important, c'est de ne pas s'y laisser enfermer et de ne pas faire de l'éducation un enjeu de pouvoir au sein du couple. Tout le monde serait perdant. Mais avant tout l'enfant.

Petit théâtre de la consultation conjugale

Scène 11 – On n'est pas d'accord sur l'éducation des enfants

Richard : On vient vous voir parce qu'on a un problème avec les enfants.

Monique : C'est toi qui as un problème !

Richard : Désolé, mais moi je crois plutôt que c'est toi !

La conseillère conjugale : Vous n'avez donc pas le même problème.

Monique : Absolument pas ! Mon problème, enfin… le sien, c'est qu'il n'arrête pas de les materner. Il leur passe tout.

Richard : Si je leur passe tout, comme tu dis, c'est pour compenser. Tu les harcèles sans arrêt !

Monique : Il faut bien que quelqu'un fasse le père, puisque tu en es incapable !

La conseillère conjugale : Si je comprends bien, dans votre famille, c'est vous, Monique, qui avez l'impression de jouer le rôle du père et vous, Richard, celui de la mère.

Richard et Monique, ensemble : Exactement !

La conseillère conjugale : Et si, de temps en temps, vous changiez de metteur en scène ?

S'entendre avec les beaux-parents

Parmi les ajustements que nécessite la vie en famille, la question de la bonne distance à trouver avec les beaux-parents fait souvent partie des sujets qui fâchent. Il arrive que tout se passe bien, il arrive aussi qu'une certaine tension s'installe et parfois même... avant que les présentations soient faites. On connaît cette histoire d'un fils qui demande à sa mère de repérer de loin, parmi plusieurs jeunes filles, celle dont il est amoureux. La mère n'hésite pas une seconde : « C'est la petite brune, non ? Là-bas, avec les cheveux bouclés ? — Maman ! Comment as-tu deviné ? s'écrie le jeune homme, ravi. — Facile, répond la mère, je l'ai tout de suite trouvée antipathique ! »

Figure obligée des recueils de blagues et du théâtre de boulevard, la belle-mère, qu'il s'agisse de la mère du fils ou de celle de la fille, est toujours présentée comme un personnage caricatural et caricaturalement envahissant. Curieusement, le beau-père semble échapper au blâme. Pourtant, quand les choses se passent mal entre un jeune couple et l'une ou l'autre des belles-familles, il y tient sa place, tout comme sa femme.

L'histoire de Marta et Patrick

Marta et Patrick se connaissent depuis presque dix ans. Ils ont un petit garçon de cinq ans. Ils viennent de se marier et, à cause de la mère de Patrick, c'est en tout cas ce que dit Marta, elle envisage sérieusement de le quitter.

Au début, tout allait bien *Tout a commencé quand ils ont quitté le studio qu'ils louaient à Paris. Patrick a voulu se rapprocher de ses parents et a acheté, grâce à eux, un pavillon à cinq cents mètres de leur domicile ; Marta n'y a rien trouvé à redire. Du moins au début. Ses beaux-parents avaient mis un peu d'argent de côté, Patrick était leur seul enfant, c'était normal qu'ils veuillent l'aider. Ce qui lui a paru plus difficile à accepter, c'est que ce soit sa belle-mère qui aménage elle-même la maison, choisisse les meubles, la couleur du papier peint et celle des coussins du canapé. De son côté, le père de Patrick, comme il était à la retraite et qu'il adorait bricoler, s'est occupé de la plomberie et de l'électricité. Ça gênait un peu les jeunes gens, mais Marta avait repris ses études, le salaire de Patrick laissait encore à désirer, comment auraient-ils pu protester ?*

Quand Marta a fait la connaissance de Patrick et de sa famille, elle s'est retrouvée, dit-elle, en plein conte de fées : des parents unis, qui n'élevaient pas la voix, un jeune homme beau, doux, un peu réservé, un peu casanier, mais cette vie de famille, tranquille, c'était justement ce dont elle avait tant besoin. Marta est née en Hongrie d'un couple qui ne s'aimait pas. Sa grand-mère paternelle détestait sa mère. Celle-ci très vite s'était mise à boire, avait pris des amants et avait fini par complètement délaisser sa fille. Le père était parti et Marta s'était retrouvée chez une tante à qui elle servait de bonne à tout faire. C'était l'école qui l'avait sauvée. Elle avait réussi à faire des études, à apprendre le français et, dès qu'elle avait pu s'échapper, elle l'avait fait.

Durant les premières années de sa vie avec Patrick, tout s'était donc bien passé entre la jeune femme et Liliane, sa belle-mère. Elle se confiait à elle et trouvait sympathique la manière qu'avait Liliane de communiquer avec elle plusieurs fois par jour par textos à propos de tout et de n'importe quoi. Elle y répondait, docilement. Tout le monde dans la belle-famille faisait l'éloge de Marta : elle était si gentille, elle avait tellement souffert.

Une de trop *Et puis il y a eu le pavillon. Sous prétexte de surveiller les travaux, Liliane a commencé à venir chez eux, sans prévenir. Patrick laissait faire : si une mère veut voir son fils, elle n'a quand même pas besoin de demander la permission. Et si Marta insistait, Patrick éludait, détournait la conversation : inutile de parler, si c'est pour se disputer. Tout ce qu'il voulait, c'était éviter les conflits avec sa mère, avec Marta, avec n'importe qui. Lui aussi est fils unique. Un frère était mort avant sa naissance. Ou une sœur. Il ne sait pas très bien, on n'en parle pas chez lui. Enfant, il n'a jamais manqué de rien, on ne l'a jamais laissé seul, on s'occupait de lui tout le temps. Sa vie était très bien réglée, très bien organisée. Sa mère était surveillante à temps partiel dans une maison de retraite. Le reste du temps, c'était son fils qu'elle surveillait. La relation n'était pas tendre pour autant, ni investie. Avoir une discussion avec sa mère lui avait toujours été pénible. Son père, il le fuyait, dit-il, silencieusement. Il avait passé son enfance à se sentir dépendant de ses parents, perpétuellement redevable, à disposition, et il avait très vite décidé d'être d'accord avec eux par principe et sur tout. Cela lui simplifiait la vie.*

On imagine dès lors assez bien la bouffée d'air qu'avait représentée pour lui la rencontre de Marta : son énergie, sa volonté de vivre l'arrachaient à ce silence et à cet ennui. Par la suite, le fait qu'elle s'entende bien au début avec ses beaux-parents lui avait convenu. Se rapprocher d'eux avait même paru à Patrick une solution possible et un moindre mal. Cela leur évitait au moins la fatigue de voir

Liliane s'inviter dans leur deux-pièces quand ils habitaient Paris et s'y installer pour quatre ou cinq jours, en dépliant le canapé et sans se demander si ça allait les déranger.

Mais c'est avec la naissance de l'enfant que les choses ont achevé de se dérégler. Marta, devenant mère à son tour, a cessé de trouver amusant de se laisser infantiliser par Liliane. Qu'elle lui donne des conseils, pourquoi pas ? Mais qu'elle lui reproche systématiquement sa manière de nourrir le petit, de l'habiller, de le soigner, Marta a fini par ne plus pouvoir le supporter. Certes, comme le dit Liliane, elle manque d'expérience, elle n'a pas eu de modèle maternel auquel elle puisse sereinement s'identifier, mais justement, Marta a bien l'intention de ne reproduire ni le comportement de sa mère ni la relation que celle-ci entretenait avec sa propre belle-mère. Elle pense avoir à peu près tout essayé pour se positionner face à Liliane : plus de gentillesse, plus de fermeté, de l'humour, de la distance, rien n'y fait. Et maintenant que l'enfant a grandi, c'est lui que les beaux-parents cherchent, semble-t-il, à instrumentaliser. « Tu sais, lui a répété l'autre jour son fils, Papy m'a dit de te dire que ce n'est pas bon pour ma santé que tu fumes ! »

Et Patrick ? On ne peut même pas dire qu'il soit comme certains hommes pris dans un conflit de loyauté entre deux amours : celui qu'il porterait à sa femme et celui qui le relierait encore à sa mère. Non, la femme qu'il aime, c'est Marta et il ne comprend pas lui-même pourquoi il ne parvient pas à la soutenir, à la protéger davantage.

Rester fidèle à son histoire d'amour *Paradoxalement, c'est Marta qui peut l'y aider. L'aider à ce qu'il l'aide, en quelque sorte. Plutôt que de lui reprocher, comme elle le fait maintenant régulièrement, son effacement, son manque d'entrain, ce côté tatillon, casanier qui lui avait plu au début mais qui à présent l'agace, plutôt que de lui dire qu'à force de ressembler à sa mère, il ferait aussi bien de retourner* *vivre avec elle, Marta doit se souvenir qu'il l'a choisie, elle, pour justement s'en éloigner. Pour développer des qualités d'indépendance et de créativité que son éducation avait soigneusement étouffées. Marta attend de voir Patrick la soutenir pour reprendre confiance en lui, mais pour soutenir Marta, Patrick a besoin qu'elle lui manifeste cette confiance. S'ils veulent rester ensemble, c'est sur ce paradoxe qu'ils devront travailler.*

Et nous ?

Le départ des enfants, leur engagement dans une nouvelle vie, une nouvelle famille est une étape toujours teintée d'ambivalence et cela même si, aux yeux des beaux-parents, le gendre est idéal et la bru parfaite.

Des beaux-parents déstabilisés

À la joie de voir ses enfants heureux se mêlent, en effet, des sentiments confus d'envie, de nostalgie, quelques regrets aussi. Une vie de couple commence, une autre se poursuit, mais avec déjà bien des années derrière elle. Pour tous ceux qui voient leur enfant s'en aller, c'est un moment de fragilité et, pour certains, de profonde remise en question. Un chapitre se clôt, mais il reste des questions en bas de page. A-t-on bien accompagné cet enfant sur le chemin qui l'a mené vers celui ou celle avec qui désormais va se nouer sa vie ? Le partenaire qu'il a choisi va-t-il le rendre heureux ? Aussi heureux que nous avons tenté de le faire ? Aussi heureux que nous aurions souhaité l'être quand nous avions son âge ? Il arrive ainsi que l'on projette sur son gendre ou sa bru le conjoint idéal que l'on n'a pas eu ou que l'on a, au fil du temps, un peu perdu.

Le départ des enfants, surtout s'il a lieu tard, et c'est souvent le cas aujourd'hui, peut réveiller chez certains des angoisses d'abandon, susciter chez d'autres une inquiétude diffuse face à l'avenir : maintenant que les enfants ne sont plus là, comment penser les années qui vont suivre, comment les remplir ? D'où la tentation pour certains parents de marquer une coupure en s'éloignant ne serait-ce que géographiquement, soit, à l'inverse, et c'est le plus fréquent, de vivre une seconde vie par procuration en intervenant, fût-ce avec les meilleures intentions du monde, dans celle du nouveau couple.

Comprendre ce qui est en jeu à ce moment pour les parents et les beaux-parents a son importance. Non qu'il faille pour autant se taire, les laisser faire et tout accepter, mais cela permet au moins au jeune couple de ne pas se sentir trop personnellement mis en cause par leur comportement, qu'il soit intrusif ou au contraire distant, peu aimant.

La naissance d'un petit-enfant est une autre source potentielle de malentendus et de conflits. D'un côté, les beaux-parents se réjouissent à l'idée d'avoir enfin un nouvel objet d'amour, en qui ils voient le prolongement de leur propre enfant. De l'autre, cette naissance peut réactiver angoisses et jalousies inconscientes. Leur tour est passé : ils ne seront plus désormais que des grands-parents. Les projections se font plus denses. Chacun traque ressemblances et différences sur le visage du bébé. Les conseils sur la manière dont il faut s'en occuper, le nourrir, l'habiller et bientôt l'éduquer se multiplient et peuvent prendre assez rapidement l'allure de critiques plus ou moins déguisées. Critiques qui blessent d'autant plus que le jeune père et la jeune mère se sentent eux-mêmes fragiles, fatigués et encore peu assurés de leur nouveau statut de parents.

Des familles rivales

Ces conflits belle-mère/belle-fille, beau-père/gendre touchent à la fois le territoire et, plus profondément, l'identité de chacun, sa culture familiale, ses traditions, sa mythologie, ses rites et la manière dont il s'est construit en accord ou en opposition avec eux. Ils se manifestent aussi dans la rivalité qui peut se jouer entre les belles-familles sur la façon dont l'histoire de chacune des deux lignées va pouvoir se transmettre. La période des fêtes ou des vacances est souvent l'occasion d'un marchandage minutieux. Passer le réveillon de Noël chez les uns, mais le Jour de l'an chez les autres. Ne surtout pas aller plus longtemps en vacances dans une famille que dans l'autre, ne pas confier les enfants davantage à ceux-ci qu'à ceux-là.

Même si la rivalité n'est pas explicite, les loyautés cachées peuvent générer des conflits. Des inquiétudes aussi. L'une des familles pourrait-elle apparaître comme moins intéressante que l'autre, moins riche, moins cultivée ? L'enfant va-t-il se trouver annexé ? Embrigadé ? On le voit : à travers ces inquiétudes réelles ou imaginaires, derrière ce que chacun redoute ou attend de ses beaux-parents, c'est son rôle et sa place que chacun des jeunes parents cherche à délimiter. C'est donc à eux qu'il convient d'en parler ensemble, plutôt que de prendre le prétexte de la belle-famille, en lui imputant ce qui relève peut-être avant tout d'une problématique interne au couple.

Sortir des conflits de loyauté

Néanmoins, il arrive que la difficulté soit bien réelle et qu'un conflit ouvert ou larvé oppose l'un des membres du couple à sa belle-famille. Comment y faire face ? Comment faire, par exemple, quand une mère a depuis l'enfance cherché à faire couple avec son fils et que l'arrivée d'une possible belle-fille l'angoisse au point qu'elle passe son temps à la décrier ou à se comporter comme si elle n'existait pas ? C'est un sujet délicat. D'abord parce qu'il place celui dont les parents sont intrusifs ou hostiles, ou les deux, dans un conflit de loyauté. Ensuite parce qu'il n'est pas rare qu'à une plainte émise envers l'une des familles d'origine en réponde une autre, en ping-pong, à propos de la seconde : « Mes parents sont peut-être envahissants, mais au moins ils sont toujours prêts à nous rendre service ! On ne saurait en dire autant des tiens ! » Même celui qui peut, en toute lucidité, se plaindre lui-même et en détails de sa famille acceptera difficilement d'entendre les mêmes reproches dans la bouche de son conjoint. Dans ces situations tout particulièrement, il convient de ne pas donner à l'autre le sentiment que c'est lui que l'on attaque en se plaignant de ses parents. Mieux vaut lui soumettre son embarras, sa difficulté, lui confier ses doutes, son malaise, lui demander des conseils, de l'aide, au lieu de le sommer d'intervenir. De cette façon, le conjoint, même s'il se sent pris dans un conflit de loyauté entre ses parents et son partenaire, aura plus de force, si la situation perdure ou s'envenime, pour trancher fermement en faveur de son couple.

On dit souvent que celui qui se sent mis en cause par sa belle-famille doit très vite poser les limites, défendre son territoire, s'affirmer. C'est vrai, mais ce n'est pas si simple. L'intrusion ou l'emprise fonctionnent d'autant mieux que l'on a laissé la porte à demi-ouverte. Qu'un homme se sente ridiculisé par son beau-père, une jeune femme humiliée par sa belle-mère peut aussi signifier qu'ils manquent à la base de cette estime d'eux-mêmes qui leur permettrait de ne pas se laisser déstabiliser. C'est cela alors qu'il leur faudra d'abord travailler, restaurer, pour se sentir, vis-à-vis de leurs beaux-parents, sur un pied de bienveillante égalité.

Petit théâtre de la consultation conjugale

Scène 12 – Il y a trop de tensions entre ma mère et ma femme

Alexandre : On vient vous voir parce qu'entre ma mère et ma femme, comment dire... ça ne se passe pas trop bien.

Jessie : Ah bon ? Tu trouves ? Et qu'est-ce qui ne va pas, à ton avis ?

Alexandre : En fait, comme toutes les mères, elle a du mal à accepter qu'une autre lui ait pris son fils chéri.

Jessie : Mais encore ?

Alexandre : Et toi... toi... tu as du mal à le comprendre.

Jessie : Tu vois ? Quand tu me parles comme ça, ça me donne juste envie de pleurer.

Alexandre : Mais qu'est-ce que tu veux que je fasse ? C'est ma mère ! On ne peut pas empêcher une mère de venir voir son fils.

Jessie : Non, mais on peut lui suggérer de téléphoner avant, de ne pas débarquer avec dix Tupperware remplis et de ne pas repartir avec une pile de chemises à repasser.

Alexandre : Mais ça lui fait tellement plaisir.

Jessie : Et à moi, tu crois que ça me fait quoi, à moi ?

Alexandre : Pas plaisir.

La conseillère conjugale : Vous pourriez alors réfléchir ensemble aux plaisirs qu'il est possible de partager... Et avec qui...

Vivre dans une famille recomposée

C'est un peu par abus de langage que l'on parle des familles recomposées comme s'il s'agissait d'une entité sociologique bien délimitée, aux caractéristiques invariantes, alors que, comme la famille monoparentale, elle n'est pas un type de famille mais l'une des figures possibles que peut prendre à un moment donné l'appartenance à telle ou telle organisation familiale au cours d'une vie.

Par ailleurs, le principe de la recomposition consiste lui aussi, mais cette fois de l'intérieur, en une multiplication des configurations possibles. Entre la malheureuse Cendrillon, brimée par sa marâtre comme par ses épouvantables demi-sœurs, et certaines joyeuses tribus d'aujourd'hui où quasi-frères et quasi-sœurs inventent avec leurs parents et beaux-parents respectifs de nouvelles manières de vivre en famille, il existe toutes sortes de schémas de recomposition.

Mais cette diversité n'empêche pas que certaines questions reviennent avec insistance : la place du beau-parent, celle des ex, les relations entre les enfants. Comment ne pas se laisser happer par la multiplicité des rivalités possibles ? Comment, sans blesser, intégrer le passé des uns au présent des autres ?

L'histoire de Maryse et Paul

Maryse et Paul ont une quarantaine d'années et un seul vrai sujet de conflit, mais il n'est pas des moindres, puisqu'il s'agit de Zoé, la fille de Paul.

Être la préférée *Quand ils se sont rencontrés, Paul était séparé de sa première femme depuis des années et leur fille de quinze ans vivait chez lui une semaine sur deux. Maryse, elle, n'avait pas eu d'enfants. Pas de relations très suivies non plus. Jusqu'à ce qu'elle rencontre Paul, sa famille d'origine lui servait de contre-modèle : sa mère était une femme brillante, mondaine, désireuse avant tout de séduire. Elle aimait sûrement ses filles, mais seulement quand elle en avait le temps. Quant au père de Maryse, spectateur assez passif des succès de sa femme, il avait été très présent auprès de Maryse jusqu'à la naissance de sa sœur cadette, une enfant fragile qui demandait une attention constante. Paul, lui, est un homme calme, pondéré, soucieux de ne léser personne, ni Zoé, ni sa première épouse, ni, bien sûr, Maryse. Durant son enfance, il avait souvent dû jouer les médiateurs entre ses parents, comme entre ses frères et sœurs. Il savait apaiser les querelles, dénouer les tensions, détourner l'agressivité. Mais là, le conflit qu'il voyait s'aggraver entre Zoé et Maryse le laissait sans voix, désarmé. Choisir entre l'une et l'autre ? Impossible. Mais impossible aussi de laisser cette situation perdurer.*

Tout a commencé quand Maryse est venue s'installer chez Paul, et les reproches, c'est d'abord à Zoé que Maryse les adresse. Dès que la jeune fille arrive chez eux, elle fait la tête, dit à peine bonjour et s'affale devant la télé. Elle laisse traîner partout ses baskets, ses vieux pots de Nutella et ne décolle son portable de son oreille que pour y taper des SMS. Rien de ce que Maryse lui propose ne lui plaît ; les musées, les expos, ça la « gonfle ». Seule la perspective d'aller faire du shopping parvient à l'arracher de sa chambre.

Au début, Maryse a fait tout son possible pour se faire accepter de Zoé. Faute de pouvoir lui faire partager ses propres goûts, elle a essayé sincèrement, dit-elle, de s'intéresser à ceux de la jeune fille. Elle a surtout tenté de la comprendre, de la faire parler. Peine perdue. Zoé affirmait n'avoir absolument rien à lui dire. De ce fait, la communication entre elles a fini par se réduire à peu de chose. De brefs échanges à table, une ou deux remarques désabusées de Maryse sur le manque d'ordre de Zoé, une ou deux répliques peu amènes de l'adolescente sur la rigidité de Maryse.

Mais Maryse en veut aussi à Paul. Elle trouve qu'il manque de fermeté à l'égard de sa fille. Qu'il a le plus grand mal à lui fixer des limites, à ne pas lui céder quand elle cherche manifestement toutes les occasions pour prendre la place de Maryse à table, dans la voiture, au cinéma. À force de vouloir la protéger, il la laisse les tyranniser. Quand Zoé est là, ils ne font que ce qui lui plaît, quand ça lui plaît, et Maryse ne sait plus, dans ces moments-là, qui d'elle ou de Zoé vit vraiment avec Paul. Lui, de son côté, donne parfois raison à sa fille quand elle trouve Maryse trop stricte. Et puis, ajoute-t-il, il faut comprendre Zoé : jusqu'à l'arrivée de Maryse, elle était sa petite princesse. Sans compter son ex-femme, qui n'a jamais accepté le divorce, encore moins que Maryse ait pris sa place et qui continue de faire de Zoé la confidente forcée de son ressentiment.

Le dialogue, malgré tout... *Entre Maryse et Zoé, la tension est aujourd'hui devenue insupportable. Maryse a l'impression que Zoé la déteste et la jeune fille dit souvent à son père que Maryse ne l'aime pas. Plus Zoé la rejette, plus Maryse se crispe et plus Paul, en cherchant à les apaiser à tour de rôle, ne parvient finalement qu'à les irriter toutes les deux. Maryse en est venue à tellement redouter la semaine avec Zoé qu'elle a proposé à Paul de quitter l'appartement lorsque sa fille y vient. Et Paul, au grand désespoir de Maryse, commence à se demander si cette solution absurde ne serait pas la seule possibilité...*

Avec l'arrivée de Zoé dans sa vie, Maryse a vu se rejouer une situation qu'elle pensait avoir oubliée. Tout comme durant son enfance, une autre est là, plus jeune, plus fragile, qui accapare l'attention, la chasse du paradis et la rejette, croit-elle, au second plan. Et curieusement, dans cette rivalité qui les dresse l'une contre l'autre, elle et Zoé ne sont pas loin d'éprouver les mêmes sentiments.

Alors au lieu de vouloir à tout prix « faire parler Zoé » et quand elle sentira le moment propice, Maryse essaiera de lui parler d'elle-même, de ce qui l'a fait souffrir enfant et qui les rapproche aujourd'hui tout en les opposant. Mais auparavant, il lui faudra de la patience, car l'autre difficulté est la loyauté qui lie Zoé à sa mère. Aimer Maryse, se laisser aimer par elle, être heureuse, une semaine sur deux entre elle et Paul, peut apparaître à Zoé comme une trahison. Maryse devra donc apprivoiser Zoé, se montrer compréhensive avec elle, mais pas trop. En effet, c'est quand Maryse risque d'apparaître comme une « trop bonne mère », peut-être plus attentive que la sienne, que Zoé se braque, joue les idiotes et refuse tout ce que Maryse ne demande qu'à lui donner. De son côté, tout en prenant en compte les difficultés de sa fille, Paul devra clairement délimiter les places. Et, surtout, lever toute équivoque sur un retour possible au statut antérieur. Ce ne serait pas aider Zoé que de lui faire croire qu'elle a le pouvoir de détruire son couple.

Et nous ?

Lorsque l'on évoque les difficultés spécifiques des familles recomposées, outre les problèmes d'argent — la recomposition coûte cher —, de logement, de distance géographique, d'organisation du temps et de l'espace, c'est souvent la question des rivalités qui émerge. Entre les nouveaux conjoints et les ex, entre les enfants et les beaux-parents, entre les enfants de parents différents.

Des rivalités exacerbées

Mais il convient peut-être d'abord de le rappeler : la rivalité n'est pas l'apanage des familles recomposées. Elle existe de fait dans toutes les familles, y compris les plus classiques, et à tous les niveaux. Entre les enfants pour s'assurer de l'amour des parents. Entre les parents pour s'attacher celui des enfants. Entre l'enfant et l'un de ses parents pour essayer d'occuper la première place dans le cœur de l'autre parent. Entre le parent et son enfant pour ne pas justement se la laisser prendre…

Les contes de fées qui mettent en scène d'odieuses marâtres et des ogres voraces reflètent, on le sait, les sentiments ambivalents que parents et enfants nourrissent à l'égard des uns et des autres. En vouloir à sa fille qui devient une femme au moment où l'on sent décliner sa propre beauté, en vouloir à son fils d'une réussite que l'on a souhaitée, mais qui vous laisse un peu sur le côté, désirer se débarrasser de sa mère pour pouvoir épouser son papa, devenir plus fort que son père pour lui voler sa maman, autant de sentiments agressifs qui font peur à celui qui les éprouve et que les contes permettent de vivre sans danger, en séparant bien le bon parent qui aime et que l'on aime de celui que l'on voudrait voir disparaître sous la figure des méchants.

Dans les familles recomposées, la difficulté vient alors de ce que l'on peut être amené à réaliser ce clivage avec des « vraies personnes », dans la réalité. C'est ainsi que Zoé, au lieu d'éprouver de l'agressivité à l'égard de sa mère, peut facilement s'en dégager sur Maryse, sa « marâtre ». Et que celle-ci, à son tour, revivant peut-être une situation œdipienne, peut exprimer d'autant plus facilement sa jalousie vis-à-vis de Zoé, que celle-ci n'est pas sa propre fille.

Mieux vaut donc s'attendre, quand on souhaite former une nouvelle famille à configurations complexes, à un certain nombre de défis qu'il faudra relever. Passionnants certes, mais un peu compliqués. Y réfléchir à l'avance, sans pour autant s'en trouver paralysé dans son élan, peut aider à ne pas se laisser déborder.

Que dire aux enfants ?

Ainsi, l'une des premières questions que l'on se pose lorsque l'on souhaite « refaire sa vie », ou plutôt la continuer autrement, avec quelqu'un d'autre, est celle de l'annonce à faire aux enfants. Comment leur présenter la chose ? À quel moment ? Faut-il y aller par étapes, parler d'abord du nouveau compagnon ou de la future belle-mère ? Évoquer d'emblée les enfants des uns et des autres ? Faut-il attendre ? Mais jusqu'à quand ?

Si les enfants adorent les contes de fées, c'est aussi parce qu'ils se terminent bien et, surtout, parce qu'ils racontent toujours la même histoire. Quel que soit leur âge, ils n'ont guère de goût pour le changement. Du moins celui qui les concerne, eux, dans leur équilibre et leurs repères affectifs. La séparation des parents, même si elle s'est « bien passée », ils l'ont néanmoins vécue comme une déchirure, un réaménagement douloureux. Il leur faut s'y habituer. Un nouveau bouleversement de la configuration familiale, même s'il s'annonce sous les meilleurs auspices, ne peut dans un premier temps que les inquiéter. Ils ont surtout besoin d'être rassurés sur la solidité de l'avenir qu'on leur propose. C'est pourquoi il faut, avant tout, prendre le temps de bien s'établir soi-même dans la nouvelle relation avant de leur en parler. Ne pas leur faire connaître tous les amis de passage, mais attendre d'être certain de son nouveau choix. La présentation du futur beau-père ou de la future belle-mère est significative pour tout le monde. Pour les enfants comme pour les adultes, qui considèrent souvent que le nouveau couple prend dès lors une dimension qu'il n'avait pas jusque-là. Mais quand on est sûr de vouloir faire entrer un nouveau partenaire dans sa vie, il ne faut pas trop attendre non plus pour le dire : on ne cache rien aux enfants très longtemps et commencer ce qui sera une nouvelle vie par des mensonges ou des cachotteries prolongées peut avoir un effet déstabilisant pour l'avenir. Pour ce qui est de la manière de le dire, il est très difficile d'énoncer une règle valable dans tous les cas et toutes les situations. Ainsi, on ne parle pas de la même façon à un tout-petit ou à un adolescent. Enfin, si la fratrie est nombreuse et que l'on souhaite s'adresser à tous en même temps, il faudra sans doute reprendre ensuite ce qui s'est dit avec chacun et avec les mots qui conviennent à chaque âge. Tout dépend aussi de la relation de confiance que l'on avait avec ses enfants jusque-là. Il arrive souvent, si elle est suffisamment bonne, qu'au moment de l'« annonce » ceux-ci éclatent de rire : « Parce que tu croyais qu'on ne l'avait pas deviné ?! »

Quoi qu'il en soit, il faut choisir le moment et la situation où l'on se sent soi-même le plus à l'aise pour en parler. On le sait, les enfants sont extrêmement sensibles et méfiants à l'égard de tout ce qui peut leur paraître comme faux, truqué, mis en scène, insincère. Il faut répondre à leurs questions, mais ne pas les anticiper. Il est inutile de les troubler en évoquant un problème auquel ils n'avaient pas pensé. Il faut les rassurer s'ils sont inquiets, mais sans manifester soi-même une inquiétude que l'on risquerait alors de leur transmettre.

Ensuite, sans les laisser décider de tout, ce qui constituerait un poids trop lourd à porter pour eux et leur donnerait une place et un pouvoir excessifs, il faut les associer aux décisions qui les concernent directement dans la nouvelle organisation de la vie familiale, comme la répartition des tâches dans la maison, l'aménagement du nouveau lieu de vie et en particulier, bien sûr, de leurs chambres. En revanche, pour ce qui relève du mode de résidence chez l'un et l'autre de leurs parents, c'est à ces derniers de le fixer et, à défaut, au juge qui a organisé la séparation. Demander leur avis aux enfants sur ce point est, dans la plupart des cas, une fausse bonne idée. C'est les mettre en situation de choisir entre leurs parents et instaurer en eux un conflit de loyauté permanent. On peut en parler avec eux, les entendre, tenir compte de ce qu'ils disent, mais ils doivent savoir qu'en dernier ressort, ce sont les adultes qui décident.

La rivalité entre l'enfant et son beau-parent

Que l'enfant au début ne manifeste pas un enthousiasme débordant à l'idée de faire de la place à un beau-parent n'a rien de particulièrement surprenant, il faut donc lui montrer que l'on prend au sérieux ses réticences, l'écouter, lui dire éventuellement qu'il n'est pas obligé d'aimer qui on aime, mais que l'on va essayer de faire en sorte que la vie s'organise au mieux pour tout le monde. Néanmoins, il faut aussi lui faire comprendre que cette hostilité ne nous fera pas renoncer. Encore une fois, ce serait donner à l'enfant une place qui ne doit pas être la sienne. Quant aux affinités avec le nouveau conjoint, si elles n'existent pas d'emblée – ce qui, là non plus, n'a rien de bien étonnant –, à force de patience, d'écoute, elles peuvent se construire. C'est à l'adulte de mesurer la souffrance, les déchirements que peut ressentir l'enfant et, même s'il se montre parfois agressif, à tenir bon et à faire preuve à la fois de fermeté et de bienveillance.

Les conflits principaux tournent autour des questions d'autorité. Et là, la place du beau-parent n'est pas toujours facile à tenir, d'autant que la loi française ne lui reconnaît pas de vrai statut. La première chose, c'est peut-être de faire comprendre aux enfants qu'être parent est une fonction et non une assignation biologique. Cela vaut pour les familles adoptives, les familles issues de procréations médicalement assistées, les familles homoparentales, comme pour les familles recomposées. Être parent, c'est s'occuper d'un enfant, en prendre soin, contribuer à son éducation et à son épanouissement. Le reconnaître, l'expliquer aidera les enfants à se dégager des conflits de loyauté et leur permettra de se sentir bien dans leur « autre » famille sans avoir l'impression de trahir la première. Par ailleurs, si les décisions fondamentales, celles qui relèvent de l'autorité parentale, appartiennent au père et à la mère de l'enfant, c'est le nouveau couple en revanche qui décide des règles du vivre ensemble au quotidien. Il faut que ce soit clair, clairement énoncé et que les enfants sentent les deux membres du nouveau couple en plein accord sur le sujet. En outre, si, dans l'autre famille, les règles ne sont pas les mêmes et à moins de disparités trop criantes qui nécessitent des discussions et un ajustement entre les parents, il faut les accepter et ne pas en faire un sujet de rivalité entre l'ancien et nouveau couple. Après tout, dans les familles classiques, on l'a vu, les conflits entre parents autour de l'éducation des enfants ne sont parfois pas moins prégnants.

La rivalité dans la nouvelle fratrie

Autre sujet d'inquiétude souvent exprimé : la rivalité des enfants entre eux. Entre ceux de l'un des partenaires et ceux de l'autre, et entre ceux-là et les enfants qui naissent éventuellement du nouveau couple. Ces rivalités entre frères et sœurs, quel que soit leur degré (ou leur absence) de parenté biologique, existent sans doute, mais pas si souvent qu'on ne le pense, sauf si les adultes les instrumentalisent en se servant d'eux comme objets ou comme prétexte des querelles avec leur ancien partenaire ou avec le nouveau. Dans ce dernier cas, la rivalité passe moins entre eux qu'entre les nouveaux conjoints lorsque l'un reproche à l'autre de privilégier ses propres enfants. Et c'est donc aux adultes de faire en sorte de ne pas la leur faire endosser. En outre, si le réaménagement des places de chacun au sein de la famille est parfois inévitable, un enfant peut trouver des bénéfices secondaires non négligeables à se trouver déchargé, dans la nouvelle famille, du rôle d'aîné ou de celui de cadet !

La rivalité entre l'ancien et le nouveau conjoint

Dernier point : la rivalité possible entre le nouveau partenaire et l'ancien avec qui, à cause des enfants justement, on reste lié. Qu'il y ait, au début, quelques tensions, quelques remarques désagréables, quelques pointes de jalousie, n'a rien d'inquiétant en soi, sauf si les frictions perdurent ou augmentent d'intensité. Là aussi, il s'agit de trouver un équilibre subtil entre le bien-être du nouveau couple et celui des enfants et d'essayer de poser le plus vite possible des limites claires. Aux enfants pour qu'ils ne confondent pas le maintien, dans leur intérêt, d'une relation parentale avec le retissage d'un lien amoureux qui n'a plus lieu d'être. À l'ancien partenaire, si son agressivité persiste, pour qu'il comprenne que s'il veut maintenir un lien par la haine, ce sera sans votre participation. Et au nouveau pour qu'il se sente rassuré, choisi et nullement en compétition avec l'ancien conjoint. De ce fait, même si la séparation s'est faite sans drame, même si des liens d'amitié ont pu perdurer, mieux vaut attendre un peu avant d'inviter son ex à dîner dans son nouveau foyer.

Petit théâtre de la consultation conjugale

Scène 13 – Ma compagne ne s'entend pas avec ma fille

Mark : On vient vous voir parce que ma compagne ne s'entend pas avec ma fille.

Hanna : Évidemment ! Elle me déteste !

Mark : Tu ne l'aimes pas beaucoup non plus !

Hanna : En tout cas, moi je fais tout ce que je peux pour lui faire plaisir ! On ne peut pas en dire autant d'elle !

Mark : Tu exagères !

Hanna : Et voilà ! C'est de ma faute ! Tu prends toujours sa défense, jamais la mienne.

Mark : Tu ne vas quand même pas être jalouse d'une enfant ?

Hanna : Et elle ? Elle n'est pas jalouse de moi, peut-être ?

Mark : Essaie de me comprendre, entre elle qui boude, sa mère qui lui monte la tête et toi qui ne supportes rien, je ne sais plus quoi faire.

Hanna : Alors c'est quoi, la solution ? Qu'on se quitte ?

Mark : Tu sais très bien qu'il n'en est pas question !

La conseillère conjugale : Mais votre fille, elle, est-ce qu'elle le sait ?

Mark : Je suppose.

Hanna : Tu crois ?

La conseillère conjugale : Essayez peut-être de le lui dire clairement tous les deux. Il n'est pas impossible que cela la soulage !

Quatrième partie

Faire face aux difficultés

Au-delà des aléas de la vie quotidienne, au-delà des conflits de tous les jours sur l'éducation des enfants, la gestion de l'argent, l'usure de la routine, au-delà des aléas du désir et des bugs de la communication, il arrive que le couple ait à connaître des moments plus difficiles, des crises graves qui l'ébranlent profondément et remettent en question les bases même de son union. Ces crises peuvent être provoquées en apparence par des éléments extérieurs, mais elles traduisent presque toujours un malaise qui couvait et qu'une infidélité, par exemple, vient brusquement révéler. De manière plus générale, elles surviennent quand, malgré les années écoulées, le couple n'a pas su ou pas pu évoluer. Dès lors, ce que l'on avait voulu construire comme un espace magique conciliant à la fois liberté et réassurance peut se transformer en une prison, un piège dans lequel on se débat et dont on ne voit plus comment sortir sans tout faire exploser.

Qu'en est-il de la volonté de changer l'autre ? Est-elle souhaitable, possible ? Faut-il changer soi-même ? Et inversement, comment accepter que l'autre, lui, ait changé ? Lorsqu'une infidélité survient, quelle signification lui donner ? Signe-t-elle la fin du couple ou faut-il s'en saisir, paradoxalement, comme une chance à se redonner ? Enfin, si rien ne semble plus possible, comment traverser une rupture, comment la surmonter et, sans renier le passé, se construire un avenir séparé ?

Changer ?

Vouloir changer l'autre, ne pas vouloir qu'il change, au fond, c'est la même question, peut-être la même impasse. Comme si on avait, sur la personne qui vit avec nous, le pouvoir de la modifier ou de la fixer à jamais dans une posture d'éternité. « Avant », on croyait pouvoir transformer l'autre, le rendre plus heureux, plus aimant... plus semblable au rêve que l'on en avait. Ou encore : « Avant », il ne se plaignait pas, il ne demandait rien de plus que nous, que la vie avec nous, que de continuer toujours ainsi. Renoncer à ce que son partenaire change complètement, et se demander dans quelle mesure on pourrait, soi, changer un peu, accepter que la personne que l'on a aimée ait grandi, évolué, n'est pas toujours très facile. Mais si l'autre finit par se sentir prisonnier d'une relation qui, à la longue, l'empêche de vivre, le couple risque de ne pas résister.

L'histoire de Mathilde et Xavier

Que Mathilde étouffe dans son mariage, Xavier a du mal à se l'imaginer ! N'est-ce pas pour être toujours ensemble qu'ils se sont choisis ? Ne l'a-t-elle pas souhaité comme lui ? Leurs connaissances les appellent, du reste, et avec une pointe de jalousie, « les inséparables ». Ils n'ont pas d'enfants – Xavier n'en voulait pas – et ils mènent, depuis vingt ans qu'ils sont mariés, une vie apparemment sans nuages.

Être chacun tout l'un pour l'autre ? *Mathilde est une belle femme brune, posée, qui travaille comme secrétaire à mi-temps dans l'agence de voyages de son mari. Elle y gagne « son argent de poche », comme dit Xavier. Quant à lui, c'est un homme élégant qui « présente bien », avec ce que cette expression comporte d'un peu raide. Et c'est cela qu'ils donnent à voir tous les deux : un côté lisse, sans aspérités, sans vagues. D'ailleurs, c'est bien rare de les voir l'un sans l'autre, y compris au travail. Ils sortent toujours ensemble, partent ensemble en vacances, sont inscrits au même club de golf. Qui pourrait se douter que sous cette façade aimable se cache une tension extrême ? Et que cette union si étroite, Mathilde ne peut aujourd'hui plus la supporter ?*

Tout a commencé quand Mathilde a prévenu Xavier qu'elle allait quitter l'agence. Elle avait répondu à des offres et décroché un CDI à plein temps pour un job beaucoup plus intéressant et bien mieux payé. Et depuis, Xavier ne cesse de demander à Mathilde pourquoi elle a changé. Il n'est pas à proprement parler jaloux, mais c'est peut-être pire : il n'admet pas la moindre distance, la moindre séparation. Lui, s'il le décide, peut s'éloigner, mais pas Mathilde. « Au début, dit-il, nous n'avions besoin de personne. Je faisais tout pour elle et elle, en retour, me trouvait merveilleux, beau, elle m'admirait. C'était exactement ce que je voulais, quelqu'un qui ne s'intéresse qu'à moi, qui ne pense qu'à moi, qui s'occupe entièrement de moi. Qui connaisse mes goûts, qui les devance. Quelqu'un qui me comprenne complètement. Sinon, je ne vois pas l'intérêt de vivre en couple. »

Mathilde reconnaît s'être longtemps prêtée au jeu. Elle y a même trouvé une étrange satisfaction. Comment ne pas se sentir flattée de cette place, de ce pouvoir que Xavier lui donnait ? Mais comment aussi, avec le temps, ne pas se sentir prisonnière du besoin dévorant que son mari a d'elle. Et que répondre à Xavier sinon qu'elle étouffe aujourd'hui, qu'elle ne peut plus, qu'elle ne veut plus qu'il soit le tout de sa vie ?

Fragilités narcissiques *Xavier est l'enfant unique et tardif d'une mère qui s'est installée avec lui dans une relation totalement fusionnelle et pour laquelle il est devenu, au fil des années, une sorte de partenaire captif. Il a beaucoup fait pour plaire à sa mère, beaucoup accepté pour correspondre à ce qu'elle attendait de lui. En échange de cette obéissance, il recevait les gratifications dont il avait besoin. D'où, sous son apparence d'homme socialement installé, un manque d'autonomie dans sa vie privée, une incapacité profonde à exister pour lui-même. C'est comme s'il lui fallait toujours quelqu'un à disposition, pour lui renvoyer une image satisfaisante de lui-même. Il a mis très longtemps à accepter de quitter sa mère et il a fallu toute la persévérance de Mathilde, toutes ses preuves d'amour de dévouement, d'admiration pour le rassurer. Oui, il pouvait peut-être trouver chez cette autre femme ce que sa mère lui avait donné. Quitte à lui faire, inconsciemment, payer cette dépendance cachée en lui interdisant à elle toute autonomie.*

De son côté, au début, Mathilde a trouvé le rôle de sa vie en se mettant « au service » de Xavier. Mal investie, enfant, par une mère qui l'écrasait, elle s'était jusque-là montrée peu sûre d'elle. Craignant sans cesse l'abandon, elle se trouvait rehaussée dans son estime de soi par l'admiration qu'elle portait à son mari tout comme par les exigences qu'il lui imposait. Au fond, chacun d'entre eux souffrait d'une carence narcissique que le couple avait la charge de colmater. Alors quand Mathilde, devenue plus sûre d'elle dans sa vie professionnelle, a voulu changer, tester un peu la corde qui la retenait, cette fiction a explosé.

Être soi-même, l'un pour l'autre *Tout dépendra, du moins au début, de Xavier. S'il accepte de renoncer à son mode de pensée binaire, à la pensée magique d'un état antérieur prétendument parfait auquel il leur suffirait de retourner, s'il veut bien reconnaître qu'une dépendance terrible à l'autre s'est installé en lui, alors l'étau qui les broie tous les deux pourra un peu se desserrer. Ce début de mise à distance permettra à Mathilde de comprendre que Xavier lui en veut d'avoir pris ce rôle de mère, presque autant que de désirer le quitter. Pour autant, elle ne devra pas céder à la tentation d'essayer de deviner, dans une nouvelle configuration à venir de leur couple, quelles seraient, cette fois encore, les attentes de son mari. Elle devra renoncer à sa mission de compagne idéale, prendre le risque de « décevoir » Xavier et d'être, comme elle le redoute tant, « abandonnée ». Tous les deux devront commencer à exister par eux-mêmes et non pas pour l'autre ou à travers lui. C'est à ce prix qu'ils sauront si, au-delà de l'imbrication de leurs alliances inconscientes, quelque chose de suffisamment fort les relie pour leur permettre de continuer à vivre ensemble, mais différents et un peu séparés.*

Et nous ?

Xavier rêvait que rien ne change jamais, et surtout pas Mathilde. D'autres, pour la même raison, voudraient changer leur partenaire. Ou, pour le dire autrement, voudraient retrouver, tel qu'ils l'avaient imaginé et cru trouver au tout début de la relation, l'être parfait, comblant, qui s'adaptait miraculeusement à tous leurs désirs et à tous leurs besoins. Mais les années ont passé, la délicieuse spontanéité s'est muée en agressivité, la réserve a tourné au repli et la nonchalance a fait place au laisser-aller. On dirait qu'une mauvaise fée s'obstine à mélanger les philtres. Est-ce si compliqué de faire un effort ?

Entre volonté de contrôle et mauvaise foi

Lorsque l'on demande à un conjoint pourquoi il veut tant changer son partenaire, il répond souvent que c'est « par amour », « pour son bien », pour qu'il soit plus à l'aise avec les autres et avec lui-même, plus séduisant, plus performant, plus heureux. Mais sous ces dehors altruistes, on peut déceler une sorte de maîtrise qui fait penser à ces parents qui savent « mieux que l'enfant » qui il est, ce qu'il désire, ce qu'il ressent, ce qui est bon pour lui. Il y a là un double danger. Celui que l'on veut à toute force faire changer risque de se braquer, de résister, mais il peut, en outre, se sentir blessé narcissiquement par les reproches qui lui sont adressés. S'entendre dire que l'on ne convient pas ou plus, qu'il y a peut-être en nous quelque chose à sauver, mais qu'il va falloir vraiment travailler pour le faire émerger, ne peut être ressenti que comme un rejet violent ou une prise de contrôle insupportable. Une sorte d'entretien d'évaluation à intervalles réguliers, déjà pénible dans la vie professionnelle, mais encore plus dans l'intimité.

Cette volonté de changement est de surcroît très souvent projective. Lorsqu'une crise profonde ébranle le couple, il est plus facile de rejeter la faute sur son partenaire, de lui demander de changer lui, plutôt que d'essayer de changer soi-même. Car, ce que l'on ne supporte plus dans l'autre, c'est aussi l'image de nous qu'il nous renvoie. Une image moins gratifiante, moins aimée, celle de quelqu'un pour qui l'autre n'aurait plus envie de faire d'efforts, qu'il n'aurait plus de plaisir à séduire. S'il changeait, ce serait alors, croit-on, la preuve qu'il nous aime encore.

Mais on voit bien l'impasse de ce genre d'injonction paradoxale : « Si je te demande de changer, c'est pour te montrer que je t'aime et pour te donner l'occasion de me le montrer aussi, mais pour que ce changement ait de la valeur, il faudrait que tu l'opères sans que j'aie à te le demander. »

Que faire alors ? Renoncer ? Se résigner ? Pas forcément.

Travailler d'abord sur soi

Il faut d'abord se dire que l'autre ne fonctionne pas nécessairement sur le même mode, que ce désir de changement, il ne l'éprouve pas avec la même force et que, plutôt que de le lui reprocher, mieux vaudrait, au moins sur certains points, lui en donner envie. Ne serait-ce qu'en changeant soi-même et en brisant, là encore, le cercle des interactions circulaires. Cesser de harceler son conjoint pour qu'il change, pour qu'il soit plus attentionné, moins taciturne, plus présent et se demander ce qu'il aimerait, lui, voir changer en nous. Travailler sur soi plutôt que sur l'autre. Essayer au moins et s'apercevoir que, la plupart du temps, ça marche. Le couple est un système et toute modification d'un élément amène chez l'autre la nécessité d'un réajustement. L'étonnement ou la surprise sont plus créateurs d'évolution que les reproches ou la contrainte.

Mais renoncer à faire pression sur l'autre pour qu'il soit fondamentalement différent de ce qu'il est ne signifie pas pour autant se taire. C'est juste éviter le mode, toujours contre-productif, de la critique et du reproche. On peut expliquer à son partenaire pourquoi tel de ses comportements qui lui semble anodin nous blesse au-delà de toute mesure. À quel pan de notre enfance solitaire nous renvoient ses absences désormais si fréquentes. Dans quelles terreurs passées nous replongent ses cris et ses colères. Le lui dire, mais plutôt pour l'en dégager que pour lui en faire porter la responsabilité. Changer sur certains points sera alors pour lui une démarche active, libre, bienveillante et non la soumission à ce qu'il aurait pu prendre pour une volonté de contrôle ou pour un caprice.

Inversement, sans doute convient-il aussi d'essayer de comprendre pourquoi la personne avec qui nous vivons a tant de mal à modifier certains traits de sa personnalité. Même ceux qui nous paraissent les plus faciles à changer. Pourquoi elle s'y accroche, pourquoi, parfois malgré des efforts sensibles, elle n'y parvient pas. Son besoin de distance qui nous fait mal est-il une preuve de désamour, une défense qu'il dresse contre nous ou est-il au contraire l'expression d'une confiance désormais assurée ? Avec nous, peut-être pense-t-il n'avoir pas besoin, comme il y était contraint jadis avec un parent intrusif, d'être toujours là, sous la main, à disposition, pour que l'autre ne se sente pas abandonné ?

Attention cependant à ne pas souhaiter être le thérapeute de son conjoint. Vouloir lui expliquer comment il fonctionne et pourquoi, quelle est la nature de ses difficultés et ce qu'il pourrait peut-être faire pour y remédier, c'est encore une manière de le contrôler. Mieux vaut s'interroger sur nos propres raisons de vouloir avoir barre sur lui. De même, insister sans cesse pour qu'il aille consulter un psy et règle enfin ses problèmes avec sa mère ou son frère aîné au lieu de les projeter sur nous n'est pas le meilleur moyen de l'y inciter. S'il y a quelque chose en lui à élucider pour qu'il soit plus libre, plus heureux, plus dégagé de son passé, c'est à lui de le décider. On peut le suggérer, mais en aucun cas l'exiger. C'est à chacun de travailler sur lui-même, sans attendre de l'autre qu'il nous y pousse, ni qu'il satisfasse, comme une mère trop complaisante, à toutes nos exigences, à tous nos besoins.

En revanche, si les blocages persistent et continuent à s'enchevêtrer au point que le couple a l'impression de ne plus du tout pouvoir avancer, aller consulter ensemble peut amorcer chez l'un et chez l'autre, grâce à cette démarche commune, une prise de conscience apaisée. Accepter que l'autre ait changé, accepter de ne pas pouvoir tout changer chez l'autre, ni d'ailleurs chez soi-même, accepter que les attentes que l'on a l'un envers l'autre aient pu se modifier, qu'il vaut la peine de les prendre en compte au lieu de rester figé sur les schémas du passé, c'est d'une certaine façon signifier que l'on peut, à chaque période de la vie, réinventer son couple au lieu de le répéter.

Petit théâtre de la consultation conjugale

Scène 14 – Ma femme prétend que je l'étouffe

Céline : On vient vous voir parce que mon mari m'étouffe.

Maxime : Tu n'as pas toujours dit ça !

Céline : Il faut croire que j'ai changé.

Maxime : Toi peut-être, mais pas moi.

Céline : Il ne supporte pas que j'aie la moindre activité sans lui. C'est tout juste s'il ne m'accompagne pas chez le dentiste !

Maxime : À quoi ça sert de vivre en couple, si on ne fait pas tout ensemble ?

Céline : Mais je ne veux plus être collée à toi comme ça ! Ça m'angoisse !

Maxime : Et moi, ce qui m'angoisse, c'est que tu ne sois pas près de moi !

Céline : Tu veux m'enfermer dans une boîte.

Maxime : Tu veux m'y laisser mourir tout seul !

La conseillère conjugale : Et si vous décidiez de jeter cette boîte et d'imaginer ensemble de quoi serait faite la vie au grand air ?

Surmonter l’infidélité

Quelle que soit la manière dont on en prend connaissance, quelle que soit la forme qu'elle revêt, quel que soit le sens que l'on finit par lui donner, ce qu'il est convenu d'appeler « l'infidélité de l'autre » génère toujours une grande souffrance. Blessure d'amour et d'amour-propre, elle suscite chez celui qui s'en sent la victime des sentiments contradictoires de colère, mais également de honte. « Comment a-t-il pu me faire ça, à moi ? » Mais aussi : « Comment ai-je pu être si crédule, ne m'apercevoir de rien ? » De son côté, sous le poids des reproches et de sa propre culpabilité, l'infidèle peine souvent à expliquer ce qui s'est passé.

L'histoire de Pierre et Monique

Quand Pierre lui a appris, il y a plusieurs mois, qu'il y avait une autre femme dans sa vie, Monique a eu une réaction inattendue. Au-delà de la souffrance, c'est sur elle-même qu'elle s'est d'abord posé des questions. Comment se faisait-il qu'elle n'ait rien vu venir ?

Épouse ou mère de son mari ? *Elle le reconnaît : Pierre et elle se sont mariés très jeunes, sans expérience. Elle était gaie, elle avait de l'énergie pour deux. Les enfants sont arrivés vite et Monique, sans hésiter, a décidé de se consacrer à rendre son mari et ses enfants heureux. Pierre, lui, venait d'une famille désunie et sa mère avait fait de lui le confident de ses peines de cœur. Monique avait d'emblée perçu chez lui un aspect dépressif, angoissé, le besoin qu'on lui donne un cadre, des limites, qu'on lui redonne aussi le goût d'une vie apaisée. Sa femme et ses enfants sont devenus pour Pierre son « nid », comme il dit, une base de sécurité qui lui permettait d'affronter le monde et d'apparaître ailleurs, dans sa vie sociale et professionnelle, comme un homme performant.*

L'approche de la retraite a tout fait exploser. Les enfants partaient l'un après l'autre. La dépression latente de Pierre refaisait surface et l'amour trop connu de Monique ne suffisait plus, se disait-il, à le ranimer. À présent il s'en veut, tout le monde souffre à cause de lui, et lui-même le premier. Mais, d'un autre côté, depuis qu'il a rencontré Charlotte, il se sent de nouveau vivant. « Je ne sais pas choisir, dit-il, peut-être que je ne peux pas. Monique a raison : je n'ai ni le courage de partir du nid ni de rester. Est-ce que l'on peut aimer deux femmes à la fois ? »

Le désir de Pierre s'apparente aux vœux magiques de l'enfance. Ne rien perdre, ni tout ce passé qui l'attache à sa femme – les enfants, la famille, les amis, les bonheurs et les épreuves partagés –, ni l'amour nouveau qui lui donne l'illusion d'être immortel. Le risque dans ces cas-là, c'est de tout perdre en même temps.

La question de la sexualité joue dans ce couple un rôle à la fois de révélateur et de leurre. Ce n'est pas l'usure du désir qui est à l'origine de la crise. Pierre voudrait le croire, mais Monique, elle, sait bien qu'entre eux, « ça n'a jamais très bien marché ». Certes, tout comme Pierre d'ailleurs, elle manquait d'expérience. Certes, son éducation un peu rigide ne la prédisposait pas d'emblée à faire de la sexualité le centre de sa vie de couple. Elle ne demandait pas mieux pourtant que de la découvrir avec son mari. En même temps que lui. Mais comme Pierre lui reprochait sa maladresse, son manque de féminité, elle avait peu à peu renoncé et la question était restée entre eux non dite, presque taboue, comme si en parler risquait de libérer des pulsions que Pierre avait peur de ne pas contrôler. Mieux valait incriminer l'inexpérience de sa femme plutôt que d'affronter ses propres désirs. Quant à Monique, mère de famille, mère de la famille, de ses enfants comme de son mari, elle avait alors endossé le rôle qu'on lui demandait de jouer. Elle s'habillait sport, cheveux courts et talons plats, et ne faisait rien pour érotiser la relation.

À présent, la crise que traverse leur couple la bouleverse. Pierre se découvre et lui dévoile une aptitude au plaisir dont elle-même n'a jamais « profité ». Elle a le sentiment de s'être fait flouer. Par son mari, mais aussi, d'une certaine manière, par elle-même. Elle aussi aimerait aujourd'hui s'épanouir physiquement.

On voit combien Pierre a été marqué par la situation de son enfance. Trop proche de sa mère, mis au courant trop tôt de la sexualité des adultes, il a été trop vivement mobilisé sur le plan pulsionnel et s'en est trouvé à la fois attiré et effrayé. Il a cherché à s'en protéger en se mariant jeune, avec une femme qui acceptait de ne pas le solliciter sur ce plan-là. Il s'est en quelque sorte mis en sommeil dans le cocon de sa famille et a pu trouver ailleurs d'autres investissements, notamment professionnels.

Maintenant que cette protection ne tient plus, il semble que Pierre rejoue avec sa femme la situation de confident forcé dans laquelle sa mère l'a mis, lui. À ceci près que les rôles sont inversés. C'est lui qui confie à Monique ses doutes, sa souffrance. On pourrait presque penser qu'inconsciemment Pierre fait payer à sa femme, puisqu'elle se positionne avant tout comme mère, ce que sa propre mère lui a fait subir.

Redonner à chacun sa place *Comprendre cela, voir ce qu'il projette de son histoire passée sur son couple, permettra à Pierre de commencer à se dégager et à dégager sa femme de la confusion dans laquelle il se trouve : en lui racontant par le menu les sentiments qu'il éprouve pour sa maîtresse, le plaisir qu'elle lui donne et qu'il lui donne, en lui confiant en détail, au jour le jour, ses hésitations, ses revirements et ses déchirements, il la place dans une position intenable de devoir assister quasiment en direct aux aléas d'une histoire qui n'est pas la sienne, qui la blesse et qui l'exclut.*

De son côté, Monique devra renoncer à son rôle d'épouse compréhensive qui l'enferme plus qu'il ne la sert. Elle devra poser des limites. À son mari et à elle-même. Refuser qu'il s'épanche auprès d'elle, refuser cette complicité induite par Pierre et qui l'amène, à force d'empathie, à le plaindre de la souffrance qu'il lui cause. Cette attitude bienveillante cache peut-être, sans que Monique en soit consciente, le désir de maintenir une sorte d'emprise sur Pierre. De garder le contrôle. Mais ce faisant, elle se renforce dans un rôle de femme de devoir, de sacrifice, dont elle dit ne plus vouloir.

Ce couple est à un tournant de son histoire. Jamais ils ne se sont autant parlé, mais peut-être ont-ils intérêt maintenant à s'éloigner un peu, provisoirement, l'un de l'autre. Pierre, par respect pour sa femme et pour lui-même, doit choisir. Et pour cela, il doit lui donner et se donner un délai. Monique pourra mettre ce temps à profit pour s'occuper un peu d'elle-même au lieu d'être en permanence centrée sur ce qui mobilise son mari. Et s'ils décident finalement de se retrouver, il leur faudra peut-être se faire aider, notamment pour que la dimension sexuelle de leur couple retrouve de la place et du sens.

Et nous ?

Au début de leur histoire, Pierre et Monique, forts de leur engagement et des valeurs qui les portaient l'un vers l'autre, s'étaient, bien sûr, juré fidélité. Tout couple en ses commencements construit cette image d'un amour inaltérable, où il s'enracine et se ressource.

La fidélité contre la peur de l'abandon

La fidélité n'a rien alors d'une contrainte. Elle est, croit-on, l'image de l'amour même. Celui des mythes et des chansons, celui des contes et des légendes. À la limite, nul besoin de serments. Comment ne pas être fidèle à celui que l'on perçoit comme son double ? Le tromper serait se tromper. Porter ailleurs ses regards et son désir serait se perdre soi-même. Or, on le sait, à cette phase d'idéalisation heureuse de la relation succède assez rapidement, et c'est tant mieux, une vision plus réaliste du couple. Le monde extérieur, qui auparavant lui servait tout au plus de décor, reprend des couleurs et des droits. Non seulement l'autre n'est pas moi, mais il existe d'autres « autres ». La fidélité, qui jusque-là faisait figure d'évidence, qui ne faisait pas question, change de registre. On entend souvent dire qu'elle entre alors en conflit avec une autre valeur, la liberté, plus moderne celle-là et qui lui ferait ombrage. Il serait peut-être plus juste de dire que la fidélité, cessant d'être une évidence, acquiert à partir de là la liberté possible de se vivre ou non, comme un choix.

Mais parler de choix, c'est parler de risque, et certains n'en veulent rien savoir. Ils se sont engagés pour se protéger justement contre tout danger de perte ou d'abandon. Aucune défaillance de l'autre n'est imaginable, aucune trahison. Cela ne peut pas plus leur arriver que de tromper, eux, la personne qu'ils aiment et à qui, peut-être aussi pour se protéger contre eux-mêmes, ils ont juré fidélité. Lorsque ce pacte, explicite ou non, est rompu, ce sont les images des pires catastrophes qui surviennent : séisme, tornade, tsunami. Un monde s'écroule, rien ne sera plus comme avant.

Cette croyance en une fidélité absolue, loin de constituer la défense magique qu'ils en attendaient, se révèle souvent extrêmement toxique. Face à l'exigence de son conjoint, si, par exemple, son estime de soi est faible, le partenaire peut se sentir démuni, faillible, incapable de satisfaire à l'idéal que l'autre a forgé pour lui et, en le trompant, se conformer à l'image négative qu'il a de lui-même. Dans cette configuration, d'autres trompent leur partenaire pour tester son attachement ou le leur. Est-ce vraiment moi qu'il aime et m'aimera-t-il encore si, contrairement à cette croyance qu'il a en moi et dans laquelle il m'enferme, je le trahis ? Lorsque la fidélité est posée comme un dogme quasi sacré, elle suscite angoisse, trouble et tentation de transgresser l'interdit. Y compris lorsqu'elle se masque sous les dehors d'une confiance que l'autre, en aucun cas, ne doit songer à trahir. Elle s'apparente alors à un rêve de jaloux pathologique que seule la séquestration totale de l'être aimé pourrait satisfaire.

Lorsque l'infidélité survient dans ces couples, il est très difficile de surmonter la crise qu'elle provoque. La rigidité s'installe chez chacun avec des rôles distribués et intangibles. Celui de la victime, celui du coupable. La confiance est détruite, il n'y a pas de pardon possible. Le seul lien du couple devient ce rapport d'humiliation réciproque où, dans le pire des cas, chacun finit par trouver une espèce de jouissance amère.

À l'autre bout du spectre, certains couples se sont construits sur un schéma d'infidélité quasi structurelle. Du fait de son histoire personnelle, de sa configuration psychique, de ses angoisses inconscientes, le conjoint trompeur a besoin de cliver ses investissements et ses affects, de ne pas tout miser sur un seul partenaire de peur de tout perdre ou de se perdre lui-même s'il perd son conjoint.

Avoir des liaisons n'empêche nullement certains de rester institutionnellement, et même sentimentalement, fidèles à la personne avec laquelle ils vivent : faire l'amour, quand l'occasion se présente, avec d'autres femmes ou d'autres hommes ne signifie pas qu'ils ne désirent plus leur conjoint. Il peut s'agir d'un besoin de séduire, d'une réassurance narcissique où le partenaire occasionnel ne joue qu'un rôle mineur. De ce fait, l'infidèle ne se reconnaissant pas comme tel, n'ayant pas de culpabilité, veille juste à ne pas se faire « prendre » et, le plus souvent, y réussit. Pour d'autres, le clivage se fait entre la femme ou l'homme que l'on aime, image idéalisée et interdite des relations parentales, et le partenaire sexuel que l'on désire et avec qui l'on peut donner libre cours à ses fantasmes. Là, la culpabilité peut amener l'infidèle, par un aveu inconscient, à montrer ce qu'il cache, à laisser un ordinateur ouvert, un portable non verrouillé, à faire en sorte d'être surpris et peut-être puni par celui qui représente pour lui la figure d'un père ou d'une mère à la fois interdicteurs et tout-puissants.

De leur côté, les conjoints de ce type d'infidèles préfèrent souvent ne rien voir ou, s'ils s'y sont contraints, passer sur l'infidélité pourvu que le couple perdure. Par une sorte d'accord inconscient, la même angoisse d'abandon qui amène l'un à cliver ses investissements conduit l'autre à maintenir à tout prix le lien. L'infidélité compte peu au regard de ce que représente pour eux le foyer, la famille. Il arrive même qu'elle serve à resserrer la double mécanique du contrôle chez l'un et de la pseudo-volonté de liberté chez l'autre.

L'infidélité, un signal d'alarme

Mais si l'infidélité survient dans un couple qui ne s'est construit ni sur la contrainte ni sur l'aveuglement volontaire, elle est alors le signe d'un vrai dysfonctionnement dans une relation jusque-là satisfaisante. Elle sert donc soit à masquer ce dysfonctionnement, soit à le mettre en évidence. À le masquer quand, pour ne pas voir ce qui ne va pas dans son couple, on cherche ailleurs ce que l'on n'y trouve plus. À le mettre en évidence lorsque l'infidélité peut se lire comme un appel au secours ou comme l'anticipation d'un échec que l'on redoute. L'infidélité est alors une manière de mettre en scène la menace, pour le partenaire et pour soi-même, d'une séparation. Il peut en résulter une rupture, si cet appel est lancé trop tard ou n'est pas entendu, ou encore si le désir qui vous a porté vers un autre signe à la fois la fin d'une histoire et la vérité d'une nouvelle rencontre. Mais il arrive aussi qu'elle ait des conséquences heureuses lorsque, bouleversant la routine du couple, elle redistribue les cartes et modifie les enjeux.

C'est pourquoi il est si important de comprendre le sens à donner à ce qui s'est passé. De quel éloignement, de quel sentiment d'abandon, d'exclusion, de désamour s'est nourri ce mouvement qui a poussé celui dont on se croyait aimé « comme avant », celui que l'on croyait aimer « comme avant », vers un autre ou vers une autre. Il y a souvent dans l'infidélité un enchaînement de blessures narcissiques. Celle que ressent celui qui ne se pense plus suffisamment aimé et cherche ailleurs une réassurance. Celle que ressent celui qui est trompé, à qui on a menti et que son estime de soi abandonne. Celle que ressent l'infidèle quand il peut mesurer le mal qu'il se sent coupable d'avoir créé. Celle que ressent son partenaire quand il s'en veut d'avoir été trop crédule, trop naïf, de n'avoir rien vu ou rien voulu voir. Donner du sens, c'est regarder ensemble s'il est possible de surmonter ce qui constitue, pour l'un comme pour l'autre, une épreuve.

De fait, l'infidélité constitue un signal d'alarme assez efficace. Coûteux certes – il aurait mieux valu parler de ce qui n'allait pas bien avant plutôt que de le signifier par un passage à l'acte –, mais finalement profitable. Pour cela, il faut que celui ou celle qui a trompé supporte d'entendre la plainte de l'autre, sa colère, son humiliation, qu'il mesure la profondeur de son chagrin, fasse preuve de patience, d'écoute, mais sache aussi aider l'autre à ne pas se laisser déborder par son ressentiment. De son côté, celui qui a été trompé devra accepter peu à peu de reconnaître la part qu'il a prise dans l'histoire, dans ce qui a éloigné et finalement rendu malheureux son partenaire. Ce sera pour lui une manière de sortir du rôle humiliant de la victime passive. S'il renonce au poison de la jalousie, aux délices mauvais de l'enquête, aux pièges du contrôle et à la tentation de maintenir définitivement l'autre dans la position du mauvais objet, alors le couple peut se reconstruire. Cela passe d'abord par le dialogue retrouvé.

Tous les couples qui ont surmonté cette épreuve le disent : jamais depuis longtemps, depuis leur rencontre parfois, ils ne s'étaient autant parlé, avec autant d'intimité ; jamais, paradoxalement, ils ne s'étaient sentis aussi proches l'un de l'autre. Il n'est pas rare que l'infidèle, soulagé au fond d'être découvert, fasse tout pour reconquérir son partenaire, pas rare non plus que le conjoint, de son côté, se laisse prendre au jeu renouvelé de la séduction et que, à l'image de la parole, circule de nouveau entre eux le désir.

Se rechoisir

Cette parole et ce désir retrouvés, ils pourront alors s'en saisir comme une chance, non de recommencer comme avant, mais de se rechoisir. Cela vaut sans doute mieux que de se laisser emprisonner et d'emprisonner l'autre dans le mirage d'une promesse donnée à tout jamais et qui protégerait magiquement de tout danger.

Petit théâtre de la consultation conjugale

Scène 15 – Mon mari a une liaison

Florence : On vient vous voir parce que mon mari a une maîtresse.

Philippe : C'est un bien grand mot.

Florence : Quelqu'un que tu retrouves dans une chambre d'hôtel un après-midi par semaine, j'ai du mal à imaginer que ce soit pour discuter des affaires du bureau.

Philippe : D'accord, d'accord.

Florence : Quand je l'ai découvert, bien sûr il a essayé de nier, mais il a fini par avouer.

Philippe : Je ne sais pas ce qui m'a pris.

Florence : Pour tout le reste, sa mère m'avait prévenue qu'il ne fallait pas trop compter sur lui, qu'il ne pouvait rien faire tout seul, qu'il fallait toujours être sur son dos, mais ça, franchement, je ne m'y attendais pas.

Philippe : Ne m'accable pas.

La conseillère conjugale : Et si Philippe avait juste essayé, pour une fois, de faire quelque chose tout seul, sans avoir personne sur le dos ?

Rompre ?

La boîte à outils s'est doublée d'une trousse de secours pour réparer les égratignures, les foulures, toutes les petites blessures de la vie conjugale que l'on s'inflige à soi-même ou que l'on inflige à l'autre. Mais il arrive que le mal soit plus profond, que les pansements prédécoupés ne suffisent plus, qu'il faille en venir à des remèdes plus radicaux et envisager non plus des soins, mais une rupture. C'est une décision difficile à prendre. Et douloureuse à vivre pour celui qui est quitté comme pour celui qui quitte. Comment savoir si c'est la « bonne » solution ? Comment faire avec les enfants ? Et comment, si elle survient, surmonter la souffrance de la séparation ?

L'histoire de David et Nelly

Lorsqu'on les voit pour la première fois, David et Nelly ont l'air d'être frère et sœur. Un couple aimable, un peu triste, assez désemparé. Ils ont été mariés pendant huit ans et, il y a un mois, ils ont décidé de se séparer. S'ils viennent consulter, c'est, disent-ils, pour être sûrs d'avoir pris la bonne décision et aussi de bien faire les choses pour Antoine, leur petit garçon de cinq ans, qu'ils adorent autant l'un que l'autre.

Un couple qui s'efface *Elle est infirmière, il travaille comme comptable dans une entreprise d'électroménager. Ils avaient les mêmes valeurs, beaucoup de goûts communs. Pas de problèmes d'argent, même si Nelly trouvait David, sans doute à cause de son métier, un peu obsessionnel dans son besoin d'économiser. Le fond du problème était ailleurs. Ils ne faisaient plus l'amour depuis des années. Nelly n'en avait plus envie, si tant est que, cette envie, elle ne l'ait jamais vraiment eue. Même au début, même pendant leur voyage de noces, elle devait se forcer. Elle était allée consulter sa gynécologue, et même un sexologue. En vain. Antoine avait été conçu pendant une période bien calculée de fécondité. Ils voulaient tous les deux un enfant. Antoine était né. Ça n'avait rien changé. La famille existait, le couple s'effaçait peu à peu.*

David, bien sûr, dit avoir souffert de cette situation, mais savoir serrer les dents fait partie de son éducation. Il a appris, comme on dit chez lui, à ne pas s'écouter. Même quand ça va mal, il faut se dire que ça pourrait être pire. Alors il gardait espoir : à force de volonté, pourquoi n'auraient-ils pas pu y arriver ?

Le problème, c'est que loin d'être une difficulté passagère, leur rapport à la sexualité, ou plutôt son évitement, avait constitué la base de leur relation. C'est même sur ce point que Nelly et David s'étaient rencontrés. Surtout pas trop de rapprochement pour elle, pas trop de plaisir pour lui. Dans la famille très rigide, très puritaine de David, le plaisir était un péché. Quant à Nelly, dont les parents voulaient un garçon, elle n'avait pendant longtemps pas été en accord avec sa féminité : elle se trouvait moche, grosse, inintéressante. Elle ne s'aimait pas.

Leur rencontre n'avait rien eu d'un coup de foudre. Ils s'étaient trouvés sur Internet : elle était végétarienne, lui aussi ; il adorait la nature et les animaux, elle avait deux chats ; tous leurs amis étaient en couple, pourquoi pas eux ? Les familles insistaient, ils s'étaient mariés. Sexuellement, ils étaient aussi ignorants l'un que l'autre. Nelly, pour faire comme ses amies, avait eu quelques flirts pas très poussés, aucune vraie histoire. Quant à David, dont c'était, à vingt-cinq ans passés, la première expérience, il ne savait guère s'y prendre : à la fois maladroit et brutal, il se comportait, se souvient Nelly, comme un adolescent brimé qui découvre la sexualité. Un mélange de honte et d'envie. D'une certaine manière, le peu d'appétence sexuelle de la jeune femme lui convenait.

L'ennui qui s'installe *Mais voilà qu'au fil du temps Nelly avait pris de l'assurance. Elle se sentait mieux, plus en confiance professionnellement, plus jolie. Elle avait envie de vivre. Avoir un mari et un père pour son enfant, c'était bien, mais ça ne lui suffisait plus. Entre les soirées télé en semaine et les repas dominicaux chez les beaux-parents, elle s'ennuyait un peu. Le côté sérieux de David avait pris le dessus. Nelly le trouvait trop prévoyant, trop prévisible, sans fantaisie. Les efforts qu'il pensait faire pour la séduire tournaient court. Il disait vouloir être son amant, mais continuait à s'approcher d'elle soit en quémandant des caresses, comme un gamin, soit en les exigeant. David avait du mal à comprendre. Comment se montrer un homme face à quelqu'un qui vous repousse sans arrêt ? David avait le sentiment de s'être adapté aux aspects effacés, craintifs de la personnalité de Nelly et Nelly de s'être soumise aux traits rigides de celle de David, à son côté raisonnable, à sa résistance au changement.*

Peu à peu, le couple s'était mis à tourner en rond. Les disputes étaient devenues fréquentes. Nelly restait des jours entiers sans parler à David qui, de son côté, passait de plus en plus de temps au travail. Et Antoine, sentant l'atmosphère se tendre entre ses parents, avait recommencé à faire pipi au lit.

Ne pas passer à côté de sa vie *Et puis un soir, David a trouvé un SMS par hasard, comme on les trouve toujours, sur le portable de Nelly qu'elle avait laissé bien en évidence. Elle n'a pas cherché à nier. Oui, elle avait une relation amoureuse, pas encore sexuelle, avec quelqu'un et ce quelqu'un, oui, c'était une femme, une collègue qui travaillait dans le même hôpital qu'elle et en qui elle avait l'impression d'avoir enfin trouvé ce qui lui manquait depuis toujours. Elle en était profondément troublée, elle ne savait pas si cette histoire allait durer, mais elle n'avait pas eu la force ni l'envie de résister. Elle avait de l'affection pour David, elle était attachée à sa famille, pour autant elle ne voulait pas passer à côté de sa vie si c'est avec cette femme qu'elle devait la continuer.*

Se reconstruire *Une fois la surprise, la souffrance et la colère passées, une fois la violence du choc surmontée, David a décidé de prendre du recul. Il a repris contact avec un réseau d'amis dont il s'était éloigné et, surtout, comme si une sorte de verrou avait sauté, il a rencontré une femme avec qui il ne se sent pas englué dans une série de doubles contraintes. Lui non plus n'est pas encore sûr de l'avenir qu'il désire avec elle, mais pour l'instant, cette relation légère, sans enjeu, lui convient et lui fait du bien. Il fait l'amour avec elle sans crainte, sans culpabilité, sans arrière-pensées. Nelly, elle, est passée par des sentiments complexes. Elle avait provoqué le choc, mais souhaitait-elle vraiment la séparation ? Était-elle vraiment prête à quitter son mari pour aller vivre avec son amie ? Elle en a un peu voulu à David d'avoir si vite accepté la situation. C'est lui en effet qui a proposé la séparation, trouvé une solution pour que chacun ait son appartement et qui, le premier, a parlé de divorce. Elle trouvait que tout allait trop vite. Et puis les choses se sont apaisées. La relation avec son amie se construit peu à peu : elle est patiente, elle comprend que Nelly ait du mal avec la rupture et, de son côté, Nelly se sent de mieux en mieux avec elle, y compris physiquement. Elle songe même à la présenter à Antoine.*

David et Nelly communiquent pour l'instant essentiellement par téléphone. La séparation est encore trop fraîche pour qu'ils puissent se voir et se parler sereinement. Ils se sont mis d'accord pour faire les choses progressivement. Ils ont expliqué la situation à Antoine, qui réside chez chacun d'eux une semaine sur deux. Le petit garçon va beaucoup mieux. Ses parents aussi.

Et nous ?

On l'a vu tout au long de ce livre, un couple qui dure franchit des étapes et chacune d'elles peut être l'occasion d'une interrogation sur la relation, d'un réaménagement de la vie à deux, d'un nouvel élan, mais aussi d'une crise plus profonde qui amène à envisager la séparation.

Faire un *break* ?

Avant d'en arriver là, certains mettent en place une sorte de dernière chance sous la forme d'une pause, d'un *break*, d'une rupture « temporaire ». Il s'agit alors d'inventer un nouvel espace-temps qui permette de prendre du recul. De s'éloigner pour mieux se voir. Pour mieux savoir ce que l'on veut, ce à quoi on tient. Pour se représenter ce que serait vraiment la vie sans l'autre, pour avoir envie, ou pas, de revenir vers lui.

Si elle est accompagnée d'un travail sur la relation fait, si possible, à deux, cette prise de distance peut servir de révélateur pour le couple et faire bouger ce qui jusque-là l'empêchait d'avancer. C'est une solution assez coûteuse par beaucoup d'aspects, mais qui peut réussir. À condition que chacun joue le jeu ou sache exactement celui que joue l'autre. On l'imagine assez bien : si l'un des deux partenaires utilise cette ressource avec comme seul objectif de poursuivre, plus librement, une histoire parallèle, la séparation prétendument temporaire sera vite démasquée pour ce qu'elle est. À condition aussi que le temps de la séparation soit clairement fixé, de sorte que sa durée soit pensable. Il ne s'agit pas de poser un ultimatum, mais de ne pas laisser les choses se déliter sur le mode du « on verra bien ». Ensuite, tous les aménagements sont possibles. Se voir ou pas, s'écrire, se téléphoner. L'essentiel, c'est que chacun puisse exprimer à l'autre ses besoins, ses limites, ce qu'il peut supporter ou pas. La rupture provisoire constitue en effet un paradoxe difficile à tenir puisqu'elle met en tension deux extrêmes, puisqu'elle dit en même temps le maintien du lien et la séparation.

Quand il y a des enfants, les choses se compliquent. Cette séparation qui n'en est pas une, pas encore une, pas vraiment une, leur est parfois très difficile à vivre. Ils désirent la plupart du temps que leurs parents restent ensemble, ils acceptent la plupart du temps qu'ils se séparent, mais l'incertitude et le brouillage des signes les angoissent beaucoup. Il ne faut pas hésiter à les rassurer sur le fait que ce provisoire aura une fin et que chacun y travaille à sa manière.

Quant aux ruptures à répétition, il s'agit de styles de relation passionnels plus que de modes de vie conjugaux. Dans ces cas-là, c'est peut-être la rupture qui constitue le ressort secret du couple, du fait de l'impossibilité de renoncer à une idéalisation amoureuse que chaque séparation a pour mission de relancer.

On se sépare comme on s'est aimés

Mais, pour la plupart des couples, qu'elle survienne ou non après un *break*, la « vraie » séparation est définitive. Dans le meilleur des cas, ou le moins mauvais, elle a lieu après que les partenaires ont essayé, comme David et Nelly, de comprendre pourquoi ils en sont arrivés là, de voir s'il est possible que leur vie se réorganise autrement et lorsque, malgré cela un réaménagement n'a pas pu se faire parce que le système s'était trop rigidifié, que l'amour n'était plus là et que la vie ensemble n'avait plus ni goût ni sens. Il arrive cependant que les choses se passent de manière moins policée, avec de la colère, de la violence, des cris et des larmes. Et des paradoxes. Ce n'est pas toujours celui qui est à l'origine de la rupture, du fait, par exemple, d'une infidélité, qui la souhaite vraiment. Ce n'est pas non plus toujours celui qui la décide qui la désire. Tout dépend au fond de la manière dont le couple s'est constitué et a construit sa relation. Sur un mode négocié par exemple. Ou fusionnel. On se sépare comme on a vécu et comme s'est aimés. Mais, dans tous les cas, y compris lorsque l'un des deux partenaires le récuse, c'est parce que le couple allait mal et n'avait su ou pu trouver aucune solution, que l'autre, acceptant en quelque sorte d'endosser le mauvais rôle, met en acte ce qui va peut-être provoquer la séparation.

Au reste, même lorsque le constat d'impuissance est partagé et que la rupture est à peu près consensuelle, il n'empêche que se séparer est toujours douloureux, toujours difficile. Surtout si la relation a duré longtemps. Mais même si elle a été courte, pour autant qu'elle ait été fortement investie, la rupture, le mot l'indique bien, est toujours vécue comme une sorte de mutilation. Quelque chose semble se déchirer, s'arracher : ce que l'on avait déposé en l'autre, ce qu'il avait déposé en vous et aussi ce que chacun avait déposé de soi dans le couple.

Le temps du désarroi

De fait et contrairement à ce que l'on croit souvent, le désarroi est des deux côtés : chez celui qui quitte comme chez celui qui est quitté. Pour ce dernier, la blessure est manifeste, l'estime de soi vacille et tous les vécus de perte, d'abandon, de deuil se réactualisent. Quant à celui qui quitte, outre la culpabilité de faire souffrir la personne avec qui il a vécu longtemps, la réprobation dont il fait souvent l'objet de la part de l'entourage, le sentiment d'être un mauvais parent en faisant subir « ça » à ses enfants, il renonce difficilement, même s'il l'a voulu, à ce qui l'a lié pendant des années à un autre. Contrairement à ce que l'on pourrait croire, nombreux sont ceux qui consultent pour une rupture qu'ils ont souhaitée et que, par culpabilité, devant la tristesse ou la colère de l'autre, ils n'arrivent pas à mettre en œuvre. On en arrive alors à des situations intenables où perdure un lien qui n'a plus rien de vivant mais qui bloque toute possibilité d'évolution et de vrai changement.

S'ajoutent à cela des difficultés matérielles de tous ordres, d'organisation, d'argent, de logement. Au-delà de leur aspect concret, elles font souffrir parce qu'elles symbolisent ce que le couple avait bâti ensemble et qu'il va falloir là aussi déconstruire, partager, séparer. Et puis il y a le fait que le couple existait aussi dans le regard d'autrui, qu'il avait une vie sociale, des amis, de la famille, et que tous ces liens vont également être mis à mal par la séparation. Se pose enfin, et c'est évidemment là que la difficulté est la plus grande, la question des enfants. L'essentiel, on le sait, est de ne pas les prendre en otage du conflit. Soit réellement en les séparant physiquement de leur autre parent, en leur interdisant désormais tout contact avec lui. Soit psychiquement en le dénigrant, comme s'il s'agissait de détruire chez l'enfant toute représentation aimante de l'autre parent. Car, en s'attaquant au conjoint, c'est justement à cette part du parent dans l'enfant que l'on s'en prend. Une part qui le constitue et dont il ne peut, lui, se séparer sans danger.

Il ne faut pas mettre les enfants en position de confidents, de consolateurs, leur demander de choisir, de prendre parti. Ne pas les piéger dans des conflits de loyauté. Il ne sert à rien non plus de leur mentir, ni de faire semblant. Poursuivre trop longtemps une cohabitation lorsque la décision de séparation est prise ne peut que les troubler. De même, surjouer la bonne entente pendant la séparation, et même après. Rester amis, pourquoi pas ? Mais il faut que les enfants soient clairement informés que leurs parents ne revivront plus ensemble, sinon ils entretiennent un espoir qui ne peut que les déstabiliser.

Pour qu'ils ne souffrent pas trop de la rupture, mieux vaut être soi-même au plus près de ce que l'on peut, l'un et l'autre, supporter et ne pas s'imposer des contraintes invivables « pour le bien des enfants ». Ce dont ils ont besoin, c'est d'avoir des parents, sinon toujours parfaitement heureux, au moins, ponctuellement, le moins malheureux possible. Et il faut faire en sorte qu'ils ne se sentent en rien responsables de la séparation. Sinon ils risquent de penser qu'ils n'ont pas été d'assez bons enfants pour que leurs parents aient envie de rester ensemble.

Surmonter la rupture

Alors, est-il possible de surmonter une rupture ? On sait qu'il y a des phases à traverser avant de ne plus penser sa vie au travers du prisme de la séparation : le choc, l'engourdissement, le sentiment de déréalité, la dénégation, puis la colère, qui est sans doute le début d'une prise de distance. Autant d'états par lesquels certains passent, d'autres non, ou pas dans le « bon » ordre, ou avec des rechutes. Peu importe, il faut être tolérant avec soi-même et ne pas s'imposer trop de contraintes. Arrivera nécessairement ce que l'on croyait impossible. Quand on aime, il est déchirant de penser qu'un jour peut-être on n'aimera plus. Quand on souffre d'une séparation, on ne peut pas imaginer qu'un jour, sans doute, on en sera guéri. Et puis arrive ce moment étrange où l'on constate avec un soulagement mêlé de nostalgie que c'est fini et que la souffrance est partie.

Mais il faut du temps. Et, si c'est trop difficile, du soutien, qu'il vienne de la famille, des amis ou d'un professionnel qui aidera à comprendre ce qui s'est passé et à ne pas reproduire dans l'avenir un schéma relationnel qui pourrait aboutir à une nouvelle déchirure.

On entend souvent dire que, faute d'avoir réussi leur couple, les gens devraient au moins essayer de ne pas rater leur rupture. De se séparer calmement, en personnes responsables, sans trop de cris ni de ressentiments, en évitant les scènes de larmes et les explosions de colère. On en arrive ainsi à des impératifs paradoxaux où bien se séparer finirait rétroactivement par signifier, en quelque sorte, que l'on a été un « bon » couple. Or c'est presque impossible, du moins dans un premier temps. Si l'exigence de performance atteint aussi le domaine du chagrin d'amour, on exige vraiment beaucoup des gens.

La « bonne rupture », c'est un peu comme la résilience, un concept intéressant à condition qu'il ne serve pas de prêt-à-penser normatif. Il y a des gens qui ont du mal à être résilients. Il y a des gens qui ont du mal à « réussir leur séparation ». Ils ne sont pas à stigmatiser pour autant.

Il est humain de souffrir d'une rupture, de celle que l'on subit comme de celle que l'on initie, il est humain d'en être malheureux. Et l'on n'a pas à s'en vouloir si l'on n'arrive pas tout de suite à surmonter sa culpabilité ou son chagrin. Exiger de soi le contraire est une absurdité. C'est comme une double peine, comme si l'on payait deux fois. D'abord pour n'avoir pas réussi à garder son partenaire, ou à rester avec lui, ensuite parce que l'on n'aurait pas réussi à bien le quitter ou à rebondir tout de suite. Il est rare que l'on se reproche de souffrir quand on est blessé physiquement. Il devrait en aller de même pour les blessures psychiques. La rupture fait mal, inutile de le nier, mais on peut la surmonter à condition de reconnaître sa souffrance et de ne pas s'y laisser enfermer.

Petit théâtre de la consultation conjugale

Scène 16 – On va se séparer

Gilles : On vient vous voir parce qu'on va peut-être se séparer.

Suzanne : Pas « peut-être ». Sûrement !

Gilles : D'accord ! On va le faire puisque tu le veux.

Suzanne : Mais c'est toi qui m'y obliges ! Tes histoires de cœur, je les ai supportées pendant des années. Alors cette fois, c'est fini, je n'en peux plus.

Gilles : Je sais.

Suzanne : Il faut dire que ce n'est pas exactement ce que j'avais envie de vivre.

Gilles : Je m'en doute.

Suzanne : Mais là, c'est trop.

Gilles : Je te comprends. Il n'y a pas de raison que tu souffres !

Suzanne : Tu aurais pu y penser avant !

Gilles : C'est drôle, tu sais : jamais je ne me suis senti aussi bien avec toi que depuis que tu veux qu'on se quitte. Je te trouve forte, merveilleuse. Je t'admire.

Suzanne : Arrête de me parler comme ça, tu me déstabilises complètement !

Gilles : Excuse-moi, je te dis juste ce que je ressens.

La conseillère conjugale : Reste à savoir si vous cherchez à vous rapprocher pour mieux vous séparer. Ou à vous séparer pour mieux vous retrouver.

Conclusion

C'est la fin du voyage.

Tant d'histoires emmêlées de rires et de chagrins. Tant de récits d'amour, de désamour, d'amour encore. Des enfants sont nés, ont grandi, sont partis. Ils ont regardé leurs parents avec des yeux rêveurs.

C'est si long et si étrange de devenir adulte.

Des couples qui ne savaient plus vivre ensemble se sont séparés. Leur histoire n'a pas été vaine, mais elle s'est inscrite ailleurs, autrement. D'autres ont tenu bon, non qu'ils aient été meilleurs, mais parce que la vie leur a donné, au bon moment, l'énergie dont ils avaient besoin, les ressources qui se cachaient en eux et qu'ils ont pu mobiliser.

Certains se sont querellés, se sont cherchés, se sont retrouvés. Certains ont cru s'oublier, à qui la mémoire de leur amour est revenue. D'autres encore, qui ne s'entendaient plus, qui ne se voyaient plus, ont réappris à se parler, à se regarder, à se désirer.

Ce n'est pas toujours très facile de s'aimer.

Il ne faut pas craindre les crises, il ne faut pas courber le dos ni la tête quand elles arrivent en espérant qu'elles passent, que la houle s'apaise, que la mer redevienne calme. Il ne faut pas non plus crisper les poings, ni serrer les dents. Non, il faut nager avec la vague. Sur la crête. Saisir le point de bascule qui vous emmènera plus loin. On entend souvent dire qu'après la crise rien ne sera plus comme avant. C'est vrai, mais c'est tant mieux. Et c'est même bien que l'on ne sache pas exactement ce qui va en sortir, ni comment on va s'en sortir. Il n'y a pas de chemins tout tracés. C'est à chacun d'accueillir l'imprévu, de le transformer, d'en faire un nouveau destin. C'est à chacun, confiant dans ses capacités humaines ou sachant se faire aider pour l'être davantage, de les inventer et de les partager avec l'autre, encore, s'il le veut. La vie, même tumultueuse, est plus désirable que le sommeil ou que la mort.

C'est la fin du voyage et le début d'une nouvelle aventure.

Un livre se clôt. Un autre commence : celui que chaque couple, à sa manière, voudra maintenant écrire ensemble.

Annexe

Le rôle du conseiller conjugal et familial

Il y a encore quelques années, l'idée de consulter un conseiller conjugal faisait un peu peur. Venir trouver un parfait inconnu pour lui raconter ses conflits de couple, de famille, ses relations problématiques avec les enfants, les parents, les beaux-parents, parler de ses blocages, de ses peurs, des soucis d'argent qui se répercutent dans le couple, des aléas de la vie professionnelle qui le désorganisent, évoquer des difficultés sexuelles, des pannes, le désir qui s'étiole ou qui se pose ailleurs, se dévoiler, déposer quelque chose de son passé, de ses espoirs, de ses doutes, tout cela était perçu par certains comme une épreuve, voire une sorte d'échec supplémentaire. Comme si, à la déception de ne pas avoir réussi à être un couple parfait, s'ajoutait pour eux l'humiliation de ne pas parvenir à se débrouiller seuls, de devoir, en présence de son compagnon ou de sa compagne, demander de l'aide. Alors que l'on acceptait facilement de montrer son corps et, si l'on avait mal, de se faire aider pour aller mieux, lorsqu'il s'agissait d'intimité psychique, les résistances étaient parfois très fortes. Parler de sa souffrance affective devant un tiers demeurait, pour certains, un ultime tabou.

Ce n'est plus vrai aujourd'hui. Avant même de se marier, avant d'avoir un bébé ou plus tard, lorsqu'ils sentent que quelque chose entre eux se fige ou se fissure, lorsque les événements de la vie les amènent à se poser des questions sur l'évolution de leur relation, les couples n'hésitent plus à demander de l'aide. Les jeunes ont parfois vu leurs parents se débattre dans des situations devenues inextricables, des divorces déchirants, des conflits violents ou, au contraire, passer le reste de leur vie à faire semblant, murés dans une indifférence sans affects, un mutisme à deux, une fausse vie de couple. Ils ne veulent pas de cela pour eux. Ils jugent donc inutile d'attendre que les choses se dégradent. Avoir rendez-vous avec un conseiller conjugal ne leur paraît pas mettre en péril leur capacité à prendre eux-mêmes en charge leurs difficultés. Bien au contraire. C'est pour eux le premier acte d'une démarche qu'ils ont souvent décidée ensemble et qui témoigne selon eux de l'importance qu'ils accordent à leur couple. Mais cette demande d'aide concerne en réalité tous les âges de la vie, toutes les difficultés auxquelles on peut se trouver confronté dans son couple ou dans sa famille. Il n'est pas rare de voir les conjoints venir consulter au moment du départ des enfants, à l'approche de la retraite ou encore lorsque la maladie d'un parent devenu dépendant ou son décès viennent réinterroger le couple sur la place des uns et des autres, sur les transmissions, les dettes et les conflits de loyauté.

De fait, par rapport à d'autres professionnels qui travaillent dans ce domaine, la spécialité d'un conseiller conjugal et familial ressemble à celle d'un médecin généraliste. Sa formation lui a donné des compétences larges qui englobent toutes les étapes de la vie à deux, toutes les crises qui peuvent les accompagner. Elle lui a aussi fourni les outils qui permettent d'analyser ces crises, de leur donner du sens, d'aider ceux qui viennent le consulter à les comprendre et à s'approprier les moyens de les surmonter.

On peut consulter un conseiller conjugal en couple ou seul. Lorsque l'on consulte à deux, la mission première du conseiller consiste à rétablir le dialogue en prêtant en quelque sorte son écoute et ses mots à des personnes qui ne pouvaient plus ni se parler, ni s'entendre elles-mêmes, ni entendre l'autre. Il joue le rôle d'un tiers neutre qui aide à retrouver la bonne distance, d'un passeur qui fait circuler la parole, d'un traducteur aussi qui, en reformulant ce que disent les uns et les autres, fait entendre ce que l'on ne sait plus évoquer que de manière indirecte : les angoisses, les peurs, le chagrin qui se cache sous l'agressivité, l'amour qui ne peut plus se dire, les frustrations dont on n'ose plus parler. Il n'est pas là pour réparer le couple, ni bien sûr non plus pour le séparer. Il est là pour que les deux partenaires mesurent les enjeux passés et présents de ce qui les unit ou au contraire les empêche de bien vivre ensemble. Le conseiller n'a pas de projet pour le couple, son rôle est de soutenir celui que le couple construit ou reconstruit devant lui.

On peut aussi venir parler seul de son couple. Parce que l'autre ne souhaite pas faire la démarche, qu'il en a peur, qu'il la trouve inutile, gênante, qu'il ne voit pas le problème ou qu'il pense qu'il ne vient pas de lui. Même de cette manière, on peut faire avancer les choses. En analysant les mécanismes du couple, la manière dont les rôles de chacun n'ont pas su évoluer. En prenant du recul et surtout en travaillant sur soi. Mieux se comprendre soi-même, mieux s'estimer, mieux s'assurer dans ses choix est un puissant facteur de changement pour soi, mais aussi pour l'autre. Le couple, comme tout groupe, est, on l'a dit, un système. Si l'un des deux partenaires bouge, c'est tout cet ensemble qui est contraint d'évoluer.

On peut enfin être seul et venir rencontrer un conseiller conjugal.

Ne pas vivre en couple ne préserve pas des turbulences de la vie relationnelle et affective. On peut consulter pour comprendre pourquoi on n'arrive pas à trouver un homme ou une femme avec qui partager sa vie. Pour oser parler à sa famille, à ses amis, d'une orientation sexuelle dont on craint qu'elle ne vous fasse rejeter. Pour prendre de la distance avec des parents trop proches ou supporter celle qu'imposent des parents trop absents. Pour y voir plus clair dans son rapport à la contraception, à l'IVG. Pour évoquer ses craintes ou son désir d'enfant. Pour démêler ce dont on a peur de ce que l'on désire vraiment. Pour mieux affronter la maladie d'un proche ou la sienne propre. Pour parler de ses problèmes d'addiction, de ses difficultés sexuelles. Pour se faire aider face à la violence d'un conjoint. Pour se reconstruire après un deuil, une rupture. Pour se faire soutenir dans son rôle de parent, notamment lorsque l'on élève seul ses enfants.

Le rôle du conseiller consiste alors en une écoute active. Il ne s'agit pas simplement de « laisser s'exprimer » les difficultés ou la souffrance. Mais pas non plus de conseiller sur un mode pédagogique ou directif de faire tel choix plutôt qu'un autre, de prendre telle ou telle décision. Il s'agit de faire émerger ce choix, cette décision dans le dialogue qui s'établit entre le conseiller et la personne qui vient le consulter. Des hypothèses peuvent être avancées, des interprétations proposées, mais toujours de sorte que celui qui consulte garde ou retrouve, avec l'aide du conseiller, sa liberté de sujet.

Quelle est la formation d'un conseiller conjugal et familial ?

Un conseiller conjugal et familial est reconnu par les pouvoirs publics au terme d'une formation qualifiante. Le cadre, la durée et le contenu de la formation sont fixés par la loi.

La formation, centrée sur l'écoute et l'accompagnement, se déroule sur deux à trois ans, par modules, et comprend 460 heures. Elle est dispensée par des organismes agréés par l'État et validée par le ministère des Affaires sociales. Beaucoup de conseillers conjugaux et familiaux possèdent également, en amont et en aval de cette qualification, des formations complémentaires dans le champ médical, paramédical, psychosocial et éducatif.

Généraliste du couple et de la famille, le conseiller conjugal et familial peut également, s'il le juge nécessaire, orienter ceux qui le consultent vers un professionnel d'une autre discipline avec qui il travaille en réseau : travailleurs sociaux ou médecins pour une prise en charge différente et complémentaire des difficultés évoquées ; sexologues ; médiateurs familiaux dans le cas d'une décision de séparation, pour mettre en place concrètement l'organisation de cette séparation et tout particulièrement les conditions d'une coparentalité. Ou encore thérapeutes individuels, si la problématique particulière de l'un des partenaires nécessite une écoute séparée ou plus spécialisée.

Où trouver un conseiller conjugal et familial ?

Les conseillers conjugaux et familiaux peuvent recevoir en cabinet libéral. Ils travaillent aussi dans les centres de planification ou d'éducation familiale (CPEF) ; en milieu hospitalier, dans les services de protection maternelle et infantile (PMI) ; dans les établissements d'information, de consultation et de conseil familial (EICCF) ; dans les centres de prévention de la maltraitance, des centres d'écoute téléphonique ; dans des associations dont les activités sont centrées sur le soutien à la famille. Certains conseillers conjugaux et familiaux ont une consultation dans les centres sociaux des mairies.

Comment exerce-t-il ?

Un conseiller conjugal et familial exerce dans le cadre d'entretiens individuels, conjugaux et familiaux. En animation collective, en milieu scolaire ou associatif : collèges, lycées, maisons de jeunes, points-écoute famille, lieux de formation, groupes de parole – notamment dans le cadre du soutien à la parentalité. Les conseillers conjugaux interviennent aussi dans les espaces de rencontre pour le maintien des relations enfants-parents.

Quelle est la durée des séances et combien en faut-il ?

Les séances de conseil conjugal durent entre trois quarts d'heure et une heure. Leur nombre est variable en fonction de la nature des difficultés abordées et de la demande des consultants. Il peut s'agir d'une consultation ponctuelle – pour une information précise – ou plus suivie. Dans ce cas, les séances sont généralement espacées de quinze jours. Mais cet intervalle peut être ramené à une semaine en période de crise ou au contraire s'étendre lorsque la situation a commencé à évoluer et que des séances très rapprochées ne sont plus nécessaires.

C'est d'un commun accord que le conseiller et les consultants décident des modalités des rencontres – jour, horaire, fréquence – comme du moment où elles prendront fin. La plupart des conseillers proposent alors la possibilité de les recontacter un jour, si le besoin s'en fait sentir et sans attendre que les choses se soient de nouveau envenimées.

Combien coûte une consultation ?

Le prix de la consultation dépend du contexte : cela peut aller d'une prise en charge complète dans le cadre du service public à des tarifs établis en fonction des revenus en milieu associatif. En cabinet libéral, le prix varie entre 40 et 100 euros.

Pour en savoir plus :

ANCCEF - association nationale des conseillers conjugaux et familiaux.

www.anccef.fr

Du même auteur

Essais

Des jeunes filles exemplaires. Dolto, Zaza, Beauvoir, Paris, Hachette Littératures, 2004. En collaboration avec Isabelle Grellet.

La déclaration d'amour, Paris, Plon, 1990. En collaboration avec Isabelle Grellet.

Histoires de la tuberculose. Les fièvres de l'âme, Paris, Ramsay, 1983. En collaboration avec Isabelle Grellet.

Wilhelm Busch. Histoires dessinées, préface et traduction de l'allemand, Paris, Pierre Horay, 1980. En collaboration avec Sylvia Gourdet.

Chroniques

On vient vous voir. Scènes illustrées de consultation conjugale, Femme Actuelle, 2006. En collaboration avec Benoit Bastard pour les dessins.

Articles

« Le rôle des conseillers conjugaux et familiaux dans les espaces de rencontre », *Différences*, revue de l'ANCCEF, septembre 2012, n° 128.

« La place des parents dans les espaces de rencontre », *Documentation FFER*, juin 2011.

« L'espace de rencontre. Une mise en jeu de la parentalité », *Variations*, été-automne 2010, n° 5.

« La diversité culturelle dans les espaces de rencontre. Entre déni et idéologie », *Le Furet*, printemps 2009, n° 58.

« L'intervenant au piège des pathologies. Réflexions sur le travail en espace de rencontre », *Dialogue*, 2004, n° 164.

« Drôle d'endroit pour une rencontre », *Générations, revue française de thérapie familiale*, 2004, n° 29.

« Les men-songes de l'enseignement », *Horizon, école de la Cause freudienne*, juin 2002, n° 29. En collaboration avec Isabelle Grellet

« Déplacer les enjeux et pas seulement les chaises », *Théâtre Public*, 1996, n° 132.

« Écrire pour se délivrer », in *La lettre à la croisée de l'individuel et du social*, Paris, KIimé, 1994. En collaboration avec Isabelle Grellet.

« Le long endormissement d'une jeune fille rangée », *in Nevrosi e Folia nella Letteratura Moderna*, Rome, Bulzoni, 1994.
En collaboration avec Isabelle Grellet.

« Le diable au cœur », in *La charité*, Paris, Autrement, 1993.
En collaboration avec Isabelle Grellet.

« Des chiffres et des lettres. Étude de la correspondance de Françoise Dolto », in *Frammenti di un Discorso Amoroso nella Scritura Epistolare Moderna*, Rome, Bulzoni, 1992.
En collaboration avec Isabelle Grellet.

« Lettres de change. Françoise Dolto et sa mère »,
Dialogue, 1992, n° 115. En collaboration avec Isabelle Grellet.

« Les lettres d'amour dans le théâtre de Marivaux »,
Textuel, 1992,n° 24.

« La tuberculose. Une maladie romantique aussi », in *Une histoire comparée de la prévention. Air pur, eau claire*, Lausanne, Éditions d'en bas, 1992. En collaboration avec Isabelle Grellet.

Remerciements

À Hélène Gédouin pour sa confiance.

À Agnès Vidalie pour le plaisir que j'ai eu à travailler avec elle.

À René Richon pour ses suggestions malicieuses.

À Brigitte Richon pour ses relectures amicales.

À Edouard Rosenblatt pour ses talents de photographe.

Achevé d'imprimer en Espagne par Unigraf
pour le compte des Éditions Marabout.
Dépôt légal : septembre 2013
ISBN : 978-2-501-08612-7
41.3016.7/01